保険のプロ　ベスト30人が教える

これからの保険選び

マネーコンフォート株式会社
代表取締役
垣畑光哉

幻冬舎

まえがき

未曽有の大震災がきっかけに

２０１１年3月11日、日本の東北地方太平洋沖を震源とする地震が巨大津波を引き起こし、多くの人命が失われる痛ましい事態をもたらしました。

誰もが予期し得なかった状況を目の当たりにし、まさかに備える「保険の選び方」が今、改めて問われようとしています。

損害保険料率算出機構の調べ（２０１０年度）によれば、地震保険の世帯加入率は全国平均で23・7％、被災地となった宮城県は33・6％、岩手県は13・2％といずれも低水準に留まっています。

国を挙げての支援策はあるにせよ、地震保険に入っているのといないのとでは、その後の生活再建に大きな開きが出るのは間違いありません。このような事態になって初めて、地震保険への加入の有無や補償の内容を確認して、「あのとき、入っておけばよかった」と後悔された方も少なくないと思います。

保険は本来、不測の事態が起こったときにその価値を発揮するものです。一番つらいときに「助かった」となるはずが、「こんなはずではなかった」と思う人が出てきてしまうことは、保険業界で育った私からすれば本当に切ないものです。「保険で後悔する人を一人でも減らしたい」、この本を書くことになったのは、震災後にそう思ったのがきっかけでした。

震災のとき、頼りになったのは地元の「保険のプロ」

長引く景気低迷などの影響もあり、ここ数年、家計における保険は合理化一辺倒のムードでした。もちろん無駄な保険を見直すことはとても大切なことです。

でも、「月々の掛金が安くなる」という耳触りのよい言葉だけで、本来必要だった保険までやめてしまったり、その人の暮らしを守るには不十分な保険に掛け替えてしまったとしたら、もしものときには取り返しがつかないことになります。

また、保険がその価値を発揮するのは加入するときではなく、万一のことで保険金や給付金を受け取ったときです。そして当たり前のことですが、保険会社はお客さまから請求があって初めて、支払いの手続きをすることができます。

「掛金を抑えながら必要十分な保険を選んで、もしものときにはもれなく保険の請求手続きをする」というのが保険を最大限有効に活用する方法。でもこれをすべて自分でこなすのは難しいといわざるを得ません。

そこで頼りになるのが「保険のプロ」。安易な掛金カットはせず、要るものは要る、要らないものは要らないと根拠を示してくれることはもちろん、もしものときには保険金・給付金の請求手続きなどでも、あなたを力強くフォローしてくれる存在です。

震災後に東北地方を中心に発生した膨大な保険金請求に際し、保険会社の人員だけでは全く人手が足りませんでした。そんな中、少しでも早く保険金を届けたいと、避難所や仮設住宅を駆け回っていたのは地域の保険のプロたちだったのです。

今や保険は、インターネットや通信販売で簡単に加入できるようになりました。でも、もしものときにあなたを本当に守ってくれるのは、あなたとあなたの家族をよく知る、身近な「保険のプロ」なのではないでしょうか。

保険選びは人選び

保険に加入するとき「保険のプロ」に伝えるのは家族構成だけではありません。氏名や住所、電話番号はもちろん、生年月日、身長・体重、職業、年収や病歴まで、こんなにデリケートな個人情報を知り得る職業はそうありません。

こうした基本情報をもとに、ご自身やご家族がどんな将来を描いているか、話し合いをしながら、その家庭に合った保険を導き出していくのですから、専門知識はいうまでもなく、人生観や価値観、人間性が合う人でなければ満足いく保険選びはできないでしょう。

例えば、これが形のある車や家だったら自分で好みのタイプや色を選べますし、試乗したりモデルルームを見れば自分で判断ができます。

それなら少しでも安いところで買いたいと思うのも道理です。

けれども保険は違います。本来であれば、他人には知られたくないデリケートな情報すべてを提供し、時には自分の将来や家族への思いといった内面性まで語り、自分に合った保険をプランニングしてもらうのです。

もしものことが起きて窮地に追い込まれたとき、保険を通じてあなたを支えてくれるのは、あなたが選んだ「保険のプロ」。保険を選ぶということはすなわち、誰に相談をするか、その相手を選ぶことにほかなりません。

「保険のプロ」はどこにいる？

保険業界には、さまざまなタイプの「保険のプロ」がいます。まず思い浮かぶのは保険会社の社員でしょう。保険会社の社員は固定給の「総合職」と歩合給の「営業職員」「外務員（外交員）」とに分かれ、お客さまと接するのは主に後者の役割です。

実は私も保険会社の総合職として10年間働いていたのですが、仕事の内容は営業部門でありながら「営業職員」もしくは「代理店」と呼ばれる方々のサポート。お客さまとの接点は電話か郵便に留まり、それが物足りなくて保険会社を飛び出してしまいました。

話がそれましたが、営業職員または外務員、外交員と呼ばれる社員は、歩合給とはいえそれぞれの保険会社の所属ですから、会社からはノルマが与えられ取り扱える商品は当然、所属の保険会社のみになります。

これに対して「代理店」は保険会社には所属しない独立した存在です。以前は「一社専属型」といわれる、一つの保険会社だけを取り扱う代理店がほとんどでしたが、近頃では複数の保険会社を取り揃え、ベストな組み合わせを提案する「乗合い型」も増えてきました。

ちなみに最近、ショッピングモールやロードサイドなどで見かけるようになった「保険ショップ」は代理店が運営しているところが多く、保険を選ぶために自らお店に足を運ぶという顧客ニーズを捉えた新たな業態として注目されています。

どのタイプのプロがあなたに合っているかは、扱っている保険会社や保険商品、販売スキルもありますが、最終的には「相性」がポイント。行き当たりばったりで決めてしまわず、何人かに相談をしてから、一番ウマの合う人を選ぶのがいいでしょう。

この本では、私が仕事柄これまでに会ってきた1000人以上の保険のプロの中から、特におすすめしたいと思える30人の方々にスポットを当て、お客さまへの姿勢や保険への思い入れを語ってもらっています。

私の思い描く「保険のプロ」との出会いはこれからも続きます。ぜひあなたもこの本を参考に、身近にいる相性のピッタリなプロを見つけてみてください。

目次

保険のプロ ベスト30人

保険はシンプルに考えて、シンプルなものを選ぶ。……60
株式会社アーネストプレイス　岸　浩二【沖縄】

長い目でお金を貯めるには、保険も選択肢の一つ。……66
小野ＦＰ総合事務所　小野　一也【東京】

かかりつけ医と同じくらい、保険は担当者選びが重要。……72
有限会社ベスト・プランニング・サービス　中村　治【青森】

月々の掛金よりも、支払総額を気にする。……78
株式会社グローバルリンク　山中　孝二【宮崎】

「万が一」のことよりも、確実に訪れる老後に備える。……84
有限会社アイドカ　田中　広江【岩手】

保険を検討するときこそ、将来のことを思い描くチャンス。……90
株式会社ＩＦＰ　宮田　久雄【茨城】

加入中の保険一覧は、家族全員がわかるようにしておく。…… 96
office JBI　井上　和美【東京】
「保険はどこの保険会社でも同じ」ではない。…… 102
株式会社ヒューマン&アソシエイツ　生島　秀一【福岡】
そもそも保険が必要なのか、考えてみる。…… 108
ライフマイスター株式会社　野武　幸雄【東京】
保険を見直すタイミングは、結婚・出産・住宅購入。…… 114
株式会社ほけんの110番　向井　正行【大阪】
保険に入る前に、国や会社の制度を理解する。…… 120
株式会社ニュートラル・ホールディングス　古館　伸二【佐賀】
保険は加入してからが始まり。長く付き合える担当者を選ぶ。…… 126
有限会社中島保険事務所　中島　敬仁【富山】

保険は「入るとき」より、「もらうとき」のことを考えて選ぶ。…… 168
株式会社ファイナンシャル・マネジメント　山本　俊成【東京】

リスクマネジメントは、現場での想像力が必要。…… 174
株式会社大藪保険コンサルタント　大藪　邦嗣【東京】

奥さまが入院したときのほうが、むしろ大変。…… 180
茨城エージェントオフィス株式会社　矢口　千恵【茨城】

若いうちにこそ、「自分年金」づくりをスタートさせる。…… 186
株式会社ワイズインフィニティ　小林　雅人【東京】

万一に備える手段は、保険だけではない。…… 192
株式会社遠藤保険サービス　遠藤　義毅【新潟】

保険はあくまでも、金融商品の一部。…… 198
株式会社マル　前田　隆行【東京】

適切な保険は、リスク環境と財務力から導く。…………204
株式会社Ａ・Ｉ・Ｐ　佐野　友映【東京】
「保険のプロ」は、一番身近な人生やお金の相談相手。…………210
株式会社ホロスプランニング　藤本　真之【京都】
10年以上前の保険は、切り替えないほうがよい場合もある。…………216
イオン保険サービス株式会社　松﨑　哲郎【千葉】
さまざまな保険会社の保険を組み合わせて、自分だけの保険をつくる。…………222
株式会社アイリックコーポレーション　篠原　美穂【東京】

装丁　相良亮
写真　高橋　亘
編集協力　塩尻　朋子、株式会社　天才工場
ヘアメイク　横尾　サチ、長田　恵子
デザイン協力　小山　弘子

保険を選ぶということ

100人100通りの保険選び

保険は何のために入るのでしょう。

「何となく心配だから」「結婚したから」といった理由で選ぶ人も多くいます。でももう少し掘り下げて考えないと、もしものときに「こんなはずじゃなかった」と思う保険を選んでしまいます。

「自分に万一のことがあっても、遺された家族が生活に困らないために」
「子どもの養育費は確保しておきたい」
「公的年金だけに頼らず、セカンドライフを謳歌したい」

このように、保険に入る目的が明確であればあるほど、無理やムダのない、自分に合った保険を選ぶことができるようになります。

そして目的が人それぞれであるように、生活費や養育費、老後資金がいくら必要であるか、その金額の大きさも人それぞれ。

100人いれば100通りの保険があってしかるべきなのです。

そんな保険選びをサポートするのが「保険のプロ」。洋服の仕立て屋さんのように、希望や予算を聞き入れて、他の誰とも違うあなただけの保険をプランニングしてくれるでしょう。

「いい保険」「悪い保険」はない

「何かいい保険はありませんか?」

保険の相談を受けていて、一番多い質問がこれです。自分で何がしたいのか決めずに他人任せでは、自分に合った保険選びはできません。

こうした他力本願なお客さまに、私はこうお答えすることにしています。

「保険自体には〝いい保険〟〝悪い保険〟というものはないんです」

〝いい保険〟と聞いてイメージするのは、掛金が安くて、たくさんもらえる「お得な保険」ではありませんか？　でももし、ある保険会社が、他社と内容が全く同じまま掛金だけを安くして、保険金を多く払ったら、その保険会社は破たんしてしまいます。

基本的に保険の掛金というのは、保険金を支払う確率によって決められています。掛金の安い保険というのは、受け取れる確率も少ない保険なのです。世の中に「自分だけが得をする」、そんなうまい話はありません。

2500万円の保険に入って受け取りは160万円のなぞ

保険自体に〝いい〟〝悪い〟はありませんが、その人にとって〝いい保険〟〝悪い保険〟というのはあります。

一つ例を挙げてみましょう。

生命保険文化センターが平成12年に行った調査では、生命保険加入金額の世帯主平均は2524万円。それに対し、遺族が受け取った保険金額の平均は168万円に過ぎません。

このカラクリは、未だに多くの方が加入している生命保険が60歳までをカバーすることに主眼が置かれ、60歳以降の死亡保険金額が極端に低下するという設計になっていることにあります。

ではこの保険が〝悪い保険〟なのかといえば、一概にそうともいえないのです。子どもに教育費がかかる60歳までを安い掛け捨ての保険でカバーすること自体は理にかなっているので、メリットとデメリットをわかっていれば問題ないのです。

ところが多くの人は「万一のときに2500万円」とだけ記憶しています。そして60歳になったとき保険会社から通知がきて初めて、保障が数百万円しかないことを知り「こんなはずでは」と思うのです。
そうなるとこの保険は、その人にとって〝悪い保険〟になってしまいます。

「保険のプロ」はあなたの要望を聞いて、ベストな提案をしてくれます。でも保険は長い期間にわたり、掛け続けるもの。その間には加入当時の要望も変わり、家族を含めた自分の環境も変化していきます。

加入中の保険が現在の自分に合っているか、必要な保険は変わっていないか、3年に一度くらいを目安に、プロと一緒に保険を見直してみましょう。
それこそが〝いい保険〟が〝いい保険〟であり続ける唯一の秘訣なのです。

生命保険は家族へのラストラブレター

保険に加入する最大の動機は家族です。何不自由のない暮らし、子どもの無限の可能性、楽しい思い出の数々も、あなたがいなくなったら、どうなってしまうでしょう。

イギリスでは、生命保険を「ラストラブレター」と呼ぶそうです。ラブレターとはご存知の通り、愛の言葉をカタチにして大切な人に贈るもの。

実は生命保険もラブレターと同様に、あなたの思いをカタチにして大切な人々に手渡すことができるのです。

例えばあなたに万が一の事態が起こったとき、預貯金であればその金額にかかわらず、誰にどう分けるかが問題になるかもしれません。

でも、受取人を指定できる保険なら、渡したい相手に確実に届けられます。

最期のときは誰にでも、突然やってきます。「さようなら、ありがとう」。あなたの思いを最後に伝えられることが、保険の果たす最も大きな役割なのかもしれません。

ベストプロの選び方　7カ条

「保険のプロ」にもさまざまな方がおられます。

「プロ」の定義も人それぞれ。どのくらい営業しているか、何人のお客さまを持っているかなど判断基準もいろいろです。

ここでは、1000人以上の「保険のプロ」に会ってきた私が考える、お客さまにとってベストなプロ、つまりあなたが出会うべきプロの7カ条をお教えします。

その1　自分の売上成績を自慢しないこと

保険業界にはこのタイプが多くいます。

昔から「売り上げをあげている人が偉い」という考え方が強く、表彰したりする風習もあるので、お客さまにまで自慢する人がいるのです。

もちろん、売り上げをつくれない人もお客さまからの支持が少ないということですから、それはそれで心配です。でも、売り上げが大きければ正しいことをやっていてお客さまから信頼されているとは限りません。

そういう人は、あなたの保険も売り上げの一つとしか考えない可能性も高いのです。

その2　「売る」ではなく「情報提供」の姿勢であること

私は保険会社から独立後、自分自身が代理店となってお客さまと直接やり取りをする中、喜んでもらえる保険営業の極意を見つけました。

それは「保険は営業しないことが最強の営業である」ということ。

保険はほとんどの方に必要なものである半面、無理にすすめられると不快になるデリケートな商品です。

情報提供に徹し必要と思うときにアドバイスをする、押し売りでないそのスタンスが信頼を育み、その結果、加入していただくことにつながるのです。

その3　保険ありきではなく問題解決に注力していること

「保険のプロ」はいきなり保険の話をすることはありません。なぜならば、保険はお客さまが抱える心配ごとや問題を解決するための、一つの手段に過ぎないからです。時には、保険以外の問題解決策が見つかることもあります。

例えば「入院保険に入りたい」というお客さまの心配ごとが、預貯金で解決できると思ったら保険をすすめずにそのことをきちんと伝える、それができるのが本当のプロなのです。

その4　保険以外の知識やネットワークを持っていること

本当の「保険のプロ」は保険に関する知識を持っているだけでは務まりません。保険ありきではなく問題解決が基本であるため、税務や医療、健康上のことや、場合によっては会社の経営に関してなど、カバーしておきたい周辺知識は広範に及びます。

もちろん一人ですべてに精通することは難しいので、多くのプロは信頼できる専門家のネットワークを持っています。

一見、保険に関係ないと思うことでも、保険のプロに相談すれば大抵のことは解決する道筋を示してくれるはずです。

その5　対応がスピーディーであること

保険に関するお問い合わせには、とにかく急いで対応することが鉄則とされています。なぜなら、手続きが滞っている間に万一のことが起きてしまったら、それこそ取り返しがつかないからです。

本当のプロはお客さまの相談されたい内容や家族構成、ライフスタイル、職業、健康状態などを電話やメールで事前にうかがい、その情報をもとに周到な準備をして相談に臨んでいます。相談から申込みまでのプロセスにムダがなく、早いのがプロの仕事です。

その6　そっと背中を押してくれること

保険に入りたくてたまらない人はあまりいないはず。日々の生活や家計のやりくりの中でも優先順位が低いことが多く、どうしても後回しになりがちなのが保険です。

でもそのまま万一のことが起きてしまったときには、後悔先に立たずになってしまいます。

だから私は、お客さまが提案された保険に納得していれば、あとはそっと背中を押すことができるのがよいプロだと思います。

押し売りではなく本当に必要だと思ったらきちんと伝えることができるのもプロなのです。

その7　長いお付き合いができること

保険は加入してからが長いお付き合いの始まりです。保険が必要となる事態はすぐに発生しなくても数年後、数十年後に起きるかもしれません。
また時間が経過すれば、そのときの自分に合っているか、加入内容を見直す必要が出てきます。

一方、保険の仕事は比較的誰にでも始められますが、続けるのが難しく出入りの激しい職種です。だからこそ、太く短くではなく、細くとも長いお付き合いができるプロを選んでほしいと思います。

トップセールスマンがベストなプロとは限らない

今回30名のプロを選ぶにあたり、前述の7カ条を体現していると私が判断した方を候補に挙げていきました。でも、取材を打診した際、何人かの方に「私よりもっと販売成績のよい人がいるのに」といわれたのです。

保険という仕事はとても奥が深く、10年選手でも自分を若輩扱いする人がいる世界。ですが、同時にたくさん売る人の地位が高いという暗黙の価値基準があるのもまた事実なのです。

でも私は、トップセールスマンが必ずしも、あなたにとってベストとは限らないと思っています。例えば、個人の契約を中心にこつこつと積み重ねているタイプのプロは、企業や資産家をメインとしているプロに比べると、売上成績は劣るかもしれません。

もちろん営業不振でこの仕事が続けられない人は論外ですが、個人のお客さまにとっては、前者のタイプのプロのほうが、ベストに違いありません。逆に企業や資産家にとっては、そうした契約に慣れているプロのほうが安心ということもあるでしょう。

スーパーマンでなくていい、当たり前をやり続ける人

この本で紹介している人たちは決してスーパーマンではありません。前述の7カ条を実直に実践している、いたって普通の人たちばかりです。

普通の人が、保険業界で当たり前のことを愚直にやり続けている、それが私の考える本当の「保険のプロ」。

タイプは違っていてもお客さまに対する姿勢は皆同じ。そしてその結果、お客さまからとても頼りにされているのです。

今回、プロ30人への取材を通じて、一つ気づいたことがあります。それは『保険のプロは人生で最も身近な相談相手になれる』ということ。

考えてみてください。普段の生活の中で起きるさまざまな困りごとを、気軽に相談できる専門家は意外と少ないと思いませんか。弁護士や税理士などの先生は、企業や資産家にとっては身近なパートナーでも、個人にとっては敷居が高い存在です。

それに対して保険のプロは、家族のことや健康状態、あるいは家計や企業の経営状況など、他の人にはいえないことまでをすでに知っている身近な存在。

そのうえ幅広い知識や専門家のネットワークまで持っているのですから、頼りにならないはずがありません。

実際に今回の取材でも、ガンと診断されたお客さまが家族よりも先に保険のプロへ電話をかけてきたり、子どもが進学するたびに家計簿を片手に相談に来られたり、生活の端々で相談相手となっているプロの話を数多く耳にしました。

人生の伴走者として、つかず離れずの距離で見守りながら、不測の事態には頼りになる、この本の30人は、そんな「保険のプロ」のベンチマークです。あなたの身近にも、同じ志を持ったプロがきっといます。本当のプロとのよい出会いを心から願っています。

保険の基礎知識

そもそも保険は「相互扶助」

その昔、イギリスのある港町では、お守りとして1ペンスを壺に入れてから漁に出かけ、もし事故が起きたときには貯まったお金を帰らぬ人となった乗組員の家族に渡すという習慣があったそうです。

この「1ペンスの壺」は諸説ある保険の起源の一つといわれ、お互いに助け合って共存する、相互扶助の考え方が保険の基本理念だということを物語っています。

ともすれば、万一のことがあって保険金を受け取れなければ損をしたような気持ちになりかねませんが、そもそも保険は相互扶助なのです。

保険の種類は大きく三つ

保険にはさまざまな種類がありますが、大きく分けると次の三つになります。

①生命保険

「人」が生活していくうえで必要になる費用に備えるのが「生命保険」。

一家の大黒柱が亡くなった場合に備える保険や、子どもの教育費、老後の生活費などの資金づくりに役立つ保険などがあります。

②損害保険

「人」にかかわる生命保険に対し、「モノ」にかかる費用に備えるのが「損害保険」。

自動車保険や火災保険、地震保険、賠償責任保険などが代表的です。

③医療保険・介護保険（第三分野商品）

病気やケガによる入院に備える「医療保険」や介護にかかる費用を補てんする「介護保険」は、生命保険と損害保険のどちらにも該当するので「第三分野商品」などと呼ばれます。

貯金は三角、保険は四角

保険と貯金の違いを説明するのに、「貯金は三角、保険は四角」という言葉があります。

例えば、30歳の人が預貯金と保険で60歳までに1000万円を積み立てる場合を考えてみましょう。万一40歳で亡くなったときに家族が受け取れるのは預貯金ならその時点の積立分ですが、保険なら1000万円です。

貯金は時間をかけて積み立てることしかできませんが、保険は加入してすぐに満額が保障されます。これが「貯金は三角、保険は四角」といわれるゆえんです。

保険は安心と時間を買うということなのです。

40歳でもしものことがあると……

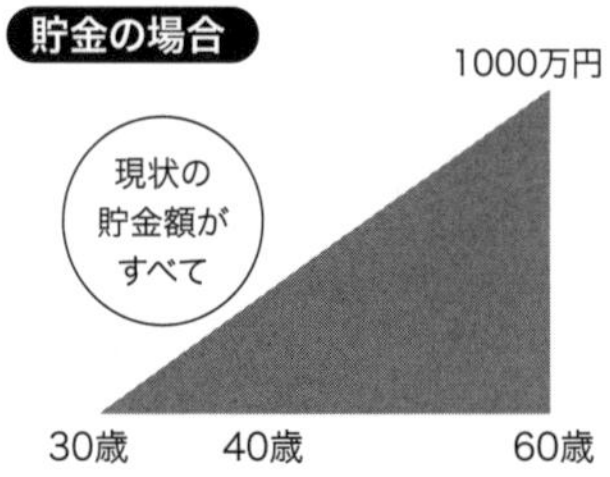

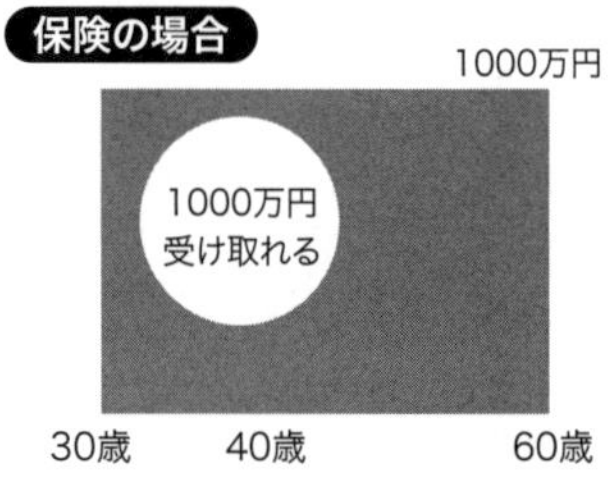

人生の節目が保険見直しのチャンス！

万一に備える保険の大切さが改めて見直されることになった東日本大震災以降、保険の見直しをする人が増えています。そもそも保険の見直しは人生の節目が好機です。それぞれの節目で、あなたに合った保険を考えましょう。

(1) 就職

就職したからといって、急に大きな保険に入る必要はありません。万一入院したときに周りに迷惑をかけないよう、医療保険に入っておけば十分です。

(2) 結婚

結婚後も子どもが生まれるまではあわてて大きな保険を選ばなくても大丈夫。独身時代に夫婦それぞれで入っていた保険に無駄がないか、確認しましょう。

（3）子どもの誕生

一家の大黒柱に万一の事態が起きたときなど、経済的な損失をカバーする保険の必要性がぐっと増す時期。公的遺族年金や勤め先の保障との兼ね合いで、無理や無駄のない保険選びを。

（4）マイホーム購入

住宅ローンとセットで加入することの多い団体信用生命保険。万一のときはローン残高が相殺されるので、それまで入っていた保険を減額できることがあります。

（5）子どもの独立

子どものために入っていた保険を見直すとき。万一の保障から、老後の資金づくりへのシフトも検討しましょう。

（6）定年退職

一般に定年となる60歳で保障が切れる保険が多いため、その後の保険を検討しつつ、退職金の活用法も考えたいところです。

あなたはすでに守られている？

震災で不安を感じたり、知人が大病を患ったり、入院してお金がかかった話を聞いたりして、あわてて保険に入ろうとする人は多いものです。

でもその前に、私たち日本人はすでに公的な保障や勤め先の制度で、ずいぶんと守られているという事実を知っておきましょう。

社会保険と呼ばれる公的保障には遺族年金、障害年金、健康保険、

保障の設計ピラミッド

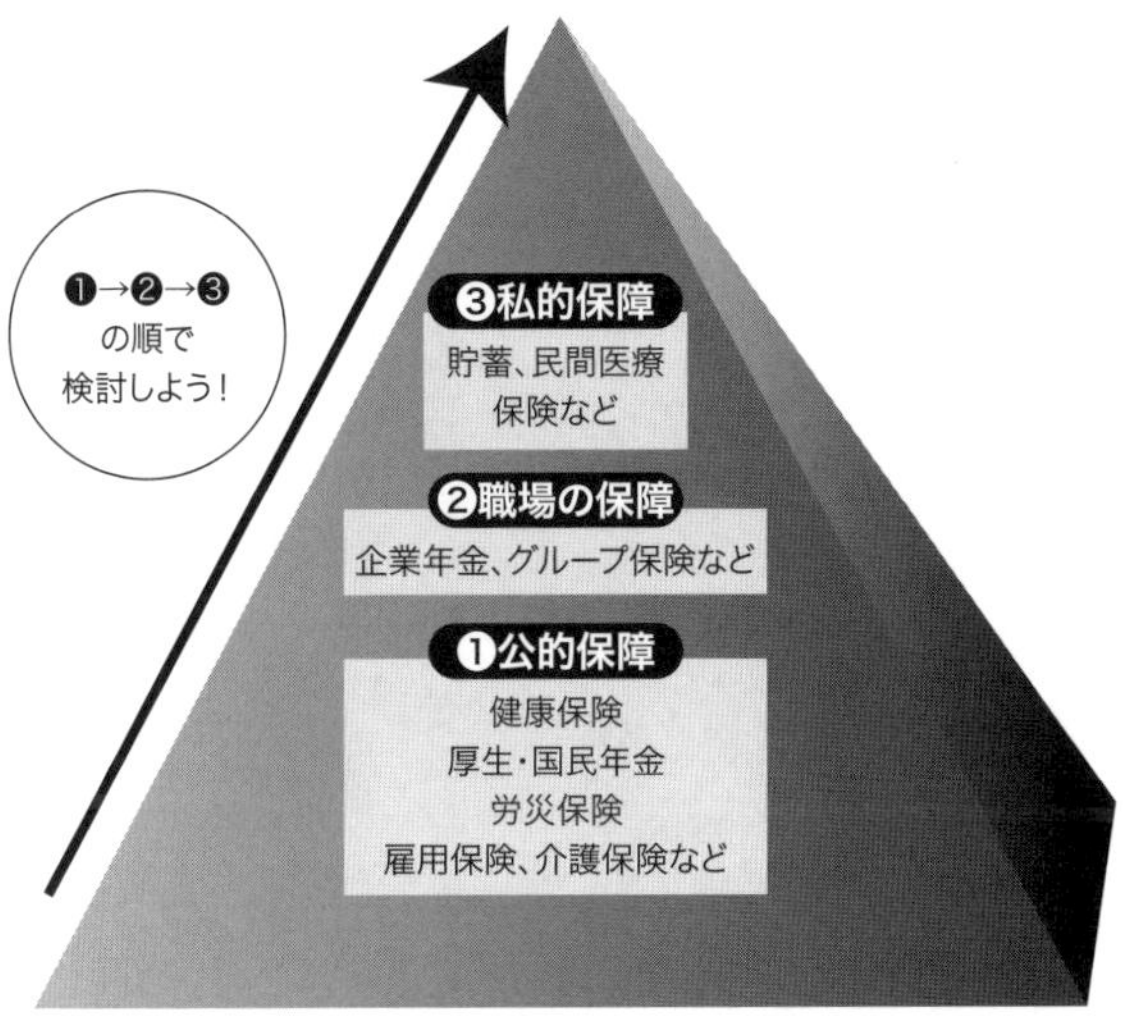

老齢年金、介護保険、雇用保険、労災保険などがあり、勤め先にも企業年金や弔慰金制度などがあります。

特に遺族年金は家族のいる人にとって心強い味方。サラリーマンの場合、残された家族には遺族厚生年金が支払われ、18歳までの子どもがいる世帯には遺族基礎年金が上乗せされます。自営業者の場合は、18歳までの子どもがいる世帯にのみ、遺族基礎年金が支払われます。

また医療費も、健康保険でしっかりカバーされていて、窓口では医療費の3割を負担するだけ。さらに「高額療養費制度」により、ひと月あたりの上限額を超えて支払った医療費は後で戻ってきます。

不安な気持ちのまま、あれこれと保険に入れば、掛金の負担は増すばかりです。すでに私たちを守ってくれている保障を理解して、保険を合理的に選びましょう。

地震保険で再建すべきは、
「家屋」ではなく「生活」と考える。

森　雅志

Masashi Mori

私が入っている保険　東京海上日動火災「超保険」

プロフィール

有限会社モリ保険事務所
代表取締役

宮城県気仙沼市出身。東京で大学卒業後、自動車メーカーに入社。アメリカにMBA取得目的で留学中、父の急逝により代々続く家業である代理店継承のため帰国。当初本意でなく継いだ保険代理店だったが、ほどなく自分の求める「関係をデザインする」究極の仕事と受け止め全力で取り組む中、東日本大震災で被災。命があったことに感謝し自分と日本を再興するために日々奔走している。

連絡先

〒988-0085
宮城県気仙沼市三日町 2-1-20　蔵事務所
tel.0226-22-3065　fax.0226-21-2184
e-mail　mori.hoken@gmail.com
URL　http://morihoken.com/

流された事務所跡

津波の通り道となった鹿折川

道路代わりだった線路

家族の思い出のログハウス跡にて

震災で地盤沈下した沿岸部

たどり着いた避難所

2011年3月11日

震災当日、私は港のすぐそばにあるお客さま宅で保険の見直し相談を受けていました。地震の揺れはかつて経験したことのないほどに大きく、家ごとつぶれるのではないかとの恐怖に襲われ、お客さまとともに外に飛び出したのです。

液状化した歩道から泥が噴出しているのを目にし「これは大変だ」とあわてて事務所に戻りました。実はこの時点ではまだ津波のことは頭になく、とりあえずガソリンを補給しておこうと事務所向かいのスタンドに行ったところ、急いで避難するようにいわれて初めて事の重大さに気づいたのです。

事務所には妻と母、スタッフも揃っていたので小学校にいた次女を全員で迎えに行きました。そして学校の裏にある山に登ったところで津波が襲ってきたのです。

家、事務所、車、愛犬、すべてが流されました。原爆を落とされたかのようにすべてが一変してしまい、ここが私たちの美しい港町、気仙沼とは信じられませんでした。

でも、幸いにも家族が揃って一命をとりとめたからには前に進まなければと、津波の被害を免れた線路を歩き続け、自治会館の建物までたどり着きました。

被災者ではなく復興者にならなければならない

長女は埼玉にある全寮制の中高一貫教育の学校に通っていたため被災を免れました。実は次女も4月から同じ学校に通う予定で、入学の手続きはすませていたのです。小学校は卒業間近だったので3月14日に残された荷物をとりに行ったところ、無事に残っているものがいくつか見つかりました。

緑色の体操着を見つけた次女がうれしそうに「パパ、まだ着られる服があったから入学式に行かせてね」というのを聞き、頭を何かで打ち付けられたようなショックを受けました。替えの下着もないし買うところもない、銀行も稼働していないからお金もないという現実の中にあっても、自分はこの子たちの親でありやるべきことを果たさなければと痛烈に感じたのです。

親として子どもの願いをかなえるためにできるのは自分の仕事を全うすること。でも、このまま避難所にいたら助けを待つだけの「被災者」になってしまう、「復興者」になるためには行動を起こさなければならないと、偶然にも次女の誕生日である3月16日に避難所を後にしたのです。

お客さまに安心を届けるのが「保険のプロ」としての仕事

母の親戚がいる岩手県の一関に身をよせ、とりあえず自分の無事をSNSやメールで知らせたところ、気仙沼市内で被害を免れた同業の代理店さんから仕事場を提供してくれるとの申し出がありました。タブレット端末と家庭用FAX付電話、そしてPCを1台購入して仮事務所がスタート、それが3月20日のことです。

まずは公共施設や避難所など、約120カ所に保険の問い合わせ先である保険会社の電話番号を明記したお見舞いのポスターを掲示しました。

3月22日には奇跡的に電気、光回線が回復し本格的な業務の再開です。

保険というのは本来、被害にあわれた方から申請されて初めて支払いの手続きに入るものですが、今回の震災でダメージを受けなかった人はいないと考え、私はご契約いただいているお客さま全員の事故報告を保険会社に提出しました。

そして保険金の請求ができることや私たちが無事で仮事務所を開設したことをお知らせするために、3月27日に地元の新聞へ広告を出したのです。

それからというもの、私が被災家屋の鑑定に朝から晩まで追われる中、事務所では妻とスタッフが電話をかけ続け、震災からおよそ2カ月後の5月14日までには、ほぼすべてのお客さまの手続きを終えることができました。

一人ひとりが新しい公共性の概念を身につけるべきとき

祖父の代から気仙沼で営業し今年で94年目になる当社。当然一人っ子である自分が跡を継ぐと誰もが思っていたのですが、大学卒業後、決められたレールに乗ることに抵抗がありアメリカにMBAをとりに留学したのです。

そのとき自分が本当にやりたいことは何だろうと考え、頭に浮かんだのが、何かと何かをマッチングする仕事。人と人、企業と企業、または国と国でも構わない、関係をデザインする仕事をしたいと思ったのです。当時は具体的には思いつきませんでしたが、結局それが「つながり産業」である今の保険の仕事に結びついているのですから、今にして思えば縁があるのだと感じます。

当時の気持ちが今回のような非常時に強くよみがえり、保険という仕事を通じて、お客さまとのつながりを取り戻したいという執念に結びついたのかもしれません。

こうした大きな災害が起きた後に一人ひとりがなすべきは、自分たちの持つ能力を精一杯発揮して社会を復興させることだと思います。

社会が成り立たなければ、仕事もできず、子どもたちが将来を描く環境もつくれません。一人でがんばるという意味ではありません、それぞれが持てる力を発揮することが人間同士のかかわりを深めることになるのです。

今だからこそ、こうした「新しい公共性」の概念を一人ひとりが身につけ、日本を復興させていかなければならないと強く感じています。

唯一残った蔵で始めた保険ショップ

被災して1年。未だがれきの山が集積場に移動しただけで、気仙沼が完全に立ち直るには10年、もしかしたら20年かかるかもしれない、まだまだ長い時間が必要でしょう。

この地で生きていかなければならない私たちにとって保険とは何かと考えると、それは自分たちの生きざまなのではないかと思います。

事務所や家、すべてを流されて自分も何もない中、お客さまに保険金を届けたい一心で、自分たちのことは後回しにして、昼夜もなく飛び回りました。そして今、私たちのショップには保険相談に訪れる人の行列ができ、遠方に引っ越した方からも継続の問い合わせがあります。このことは、気仙沼の方々が私たちの生きざまを見るでもなく感じてくれた結果なのだと思うのです。

震災で唯一残った蔵を改装してつくった保険ショップは、結果的にちょっとしたランドマークにもなり、私たちにとってもよいイメージ戦略になりました。

ときどきカフェと間違えて「ランチやってますか?」と入ってくる人もいるんですよ(笑)。内装の一つひとつにもこだわり、サラウンドのスピーカーを配した2階でスクリーンを見ながら保険の話をするのです。

震災後は、何でも一生使うつもりで納得いくようなものを選びたい、本物だけを持っていたいと思うようになりました。自分たちもお客さまに対してそうありたいと考えています。いつでもそばにある本物の相談ができるショップとして、一生お付き合いできることをイメージしてもらえたらうれしいですね。

「地震保険」は生きていくための保険

震災をきっかけに地震保険への要望がさらに高まっています。

私にとって地震保険は「生きていくための保険」。亡くなることを前提にしている生命保険とは真逆のものです。

人は災害にあったときでさえモノに固執する傾向があります。今回も自分の身の安全より家や家財道具の心配をして自宅に戻り、被害にあった方も大勢いらっしゃいます。

でもすべてが保険でカバーされるとしたら？　思い出は戻ってきませんが、モノは新たに買うことができます。

補償があれば家の様子を見に帰ったりモノをとりに行くこともありません。

被害にあった後は、まず自分の生活が成り立たないと始まりません。モノを失ったとき、生きるための力になるのが、地震保険なのです。

安きに流れるとは易きに流れること

保険の掛金は誰でも安くしたいものです。保険を販売する側も「掛金が安くなります」というのは簡単です。でも私は、津波のリスクと隣り合わせのこの地で生計を立てている保険のプロとして、地震保険の付帯はもちろん、補償のさらなる上乗せを必ずおすすめしてきました。

その甲斐あって、震災後、お客さまにきちんと保険金をお届けできたことは、本当によかったと思います。保険は窮地に追い込まれたときの最後の支えです。易きに流されることなく、必要な備えは必要なのだとお伝えするのが、私たち保険のプロの使命ではないでしょうか。

著者の目線／

身につけていたスーツ、携帯電話とタブレット端末以外すべての財産を津波で流されてしまったという森さん。想像を絶する状況の中、自分たちのことは後回しにして保険金の支払いに奔走したという逸話は、保険のプロとしてあるべき姿そのものだと思います。森さんとともにモリ保険事務所を支え、家庭も守り通した奥さまの存在もなくてはならないものだったに違いありません。これからも気仙沼とともに見守っていきたいと思います。

地震保険について

地震保険は地震や津波、噴火などによる住居や家財などの被害を補償する保険で、単独では加入できず、必ず火災保険とセットで入る必要があります。また、火災保険の加入時だけでなく、途中から付加することも可能です。

地震保険で加入できる保険金額は火災保険の半分までであるうえ、「全損」、「半損」、「一部損」といった損害の状況によって支払われる保険金が時価の5～100%であるため、住宅再建費用には不足しがちであるものの、使い方が自由な一時金として生活再建には大いに役立つものです。

実際に今回の震災でも「地震保険に入っていてよかった」「支払いが早くて驚いた」という声が挙がっているといわれ、公的支援金に加えて地震保険からも保険金が受け取れた世帯では、生活再建も急ピッチで進むなど地震保険の価値が改めて評価されています。

とはいえ保険本来の意義は貯蓄などで対応できない将来のリスクに対して、家計が被る壊滅的ダメージを回避するためのもの。貯蓄で補てんできるのであれば、安くない保険料を支払ってまで加入する意味はありません。

でも、持家で住宅ローン残高が相当額残っている世帯、そしていざというときに引き出せる貯蓄が少ない世帯なら、被災後の住宅ローンが返済不能になるリスクが大きいことから、地震保険の必要性は高いといえるでしょう。

保険はとかく損得勘定で語られがちですが、地震保険は国の法律に則った制度であるため、保険会社は利益を得ることが許されておらず、どこの保険会社で入っても保険料は同額。考えようによっては間接的な義援金だという見方もできます。

いずれにしても地震保険は、地震の被害による家計の破たんやリスクを回避する唯一の手段です。火災保険とあわせて加入の有無やその内容を確認しておくことが大切です。

小さなアクシデントでも
保険が使えるか、必ず確認する。

これからの保険選び

石塚　安代

Yasuyo Ishitsuka

私が入っている保険　メットライフアリコ「ドル建 IS 終身保険」「IS 終身保険」「ロングタームケア（介護保険）」
NKSJ ひまわり生命「健康のお守り（終身医療保険）」
ソニー生命「リビング・ベネフィット（生前給付保険）」
AIU「スーパー上乗せ健保 ガン保険」

プロフィール　株式会社コンダクト　代表取締役
MDRT終身会員／日本FP協会会員
日本リスクマネジメント協会会員（CRO）
メットライフアリコ全国代理店会連合会　会長

茨城県つくば市出身。地方銀行で為替部に勤務後、結婚を機に退職。第1子出産後、父の経営する割烹料亭の総責任者に。2人目の子育てをしながら経理、人事も担当。同時にタクシー会社の社長代行を務めながら経営感覚を磨き、自身で損害保険代理店を立ち上げる。幅広い人生経験と100キロマラソンを完走するパワーで、ご縁があった方を幸せにすべく日夜活躍している。

連絡先　〒305-0035
茨城県つくば市松代 2-14-1
tel.029-849-0891　fax.029-849-0892
e-mail　yasuyoi@nifty.com

熱意がない担当者の保険はただ「入っているだけ」になる

保険の仕事が人の役に立っていると思うのはお客さまの悩みを少しでも減らし、人生を楽にしてあげられるから。人は事故、入院、死亡などネガティブなことはあまり考えませんし、いつ起こるかわからないからイメージしにくいもの。

けれども「何か」起こったとき、お客さまを守れるのが保険です。お金がすべてではありませんが、実際には先立つものがなければ暮らしていくこともままなりません。

人生が人それぞれであるように、その人が抱える心配ごとも千差万別。現在の生活環境や将来設計などによって選ぶべき保険は異なります。会話の中からお客さまの人生を俯瞰《ふかん》して考え、先々役に立つであろう保険を提案できる担当者から入らないと、保険はいざというときに頼れるものでなく、ただ入っているだけのものになってしまいます。

先日もたまたまうかがったお客さまが、のどに魚の骨が刺さってファイバースコープで取り除いた話になりました。実はこれ、手術とみなされて保険が使えるものだったのです。

お客さまはどんな場合に保険が使えるか、詳しくはわかりません。先ほどの魚の骨の話のように、担当者の助言一つで受け取れる金額が全く違ってくることも少なくありません。保険は担当者選びが大切だといわれるのはこのためなのです。

数千円も数千万円も、ご契約をいただく喜びは同じ

私は銀行に勤めた後、結婚退職し、父の経営する会社を手伝っていました。ちょうどその頃、親交のあった税理士のお母さまがガンになり、保険に入っていたことで救われたのを目の当たりにしたとき、人の人生をサポートすることができるこの仕事を、自分の生きる道にしようと思い立ったのです。

実をいうと、代理店を始めればまず父の会社から契約をもらえると甘く考えていたところもありました。しかし期待は見事に裏切られ、父と親交の深い代理店と結んでいた契約は、結局引き継ぐことができませんでした（笑）。

そんなスタートでしたが、こうしてこの仕事を続けてこられたのは、お客さまに納得して保険に入っていただくことを喜びにやってきたからです。

お客さまにとって価値のある保険に入っていただくことは、将来の幸せを提供すること。そう信じればこそ、ご契約をいただくたびに私自身もうれしくなるのです。

数千円の個人保険でも、何千万円もする企業保険でも、ご契約をいただく喜びは一緒。その気持ちを糧に22年間続けてきました。お客さまを保険でお守りする一方、私もご契約をいただくお客さまに守られているのだと思っています。

また普段から、保険に関することだけではなく、生きていくうえでのさまざまな悩みごとの相談相手でありたいと思っています。例えば、会社の後継者問題やお嫁さん探しなど、重大な問題から些細なことまで、たとえそれが保険のお客さまでなかったとしても相談されればできるだけのことをしてさし上げられるよう手を尽くします。

「スモールジャパン」で幸せな老後を

今後、年金があてにできなくなってくる中、日本国内だけで暮らしていくのは難しくなるだろうと思っています。日本に住みながら海外でも暮らす、そうしたライフスタイルがあってもいいのではないでしょうか。

日本から遠くなく、気候が温暖な国に「スモールジャパン」をつくりたいと思っています。海外移住は一人ぼっちや夫婦だけでは寂しいかもしれませんが、医療環境も備わり、日本食も手に入るコミュニティの中で、皆で助け合いながら暮らせたら最高でしょう?保険に限らずさまざまな形で自分も周りも幸せにできたら本望です。

著者の目線／

仕事では全国5000店で組織するメットライフアリコ社の全国代理店会連合会で女性初の会長を務め、プライベートでは100キロマラソンを十数回完走する石塚さんは〝保険業界のジャンヌ・ダルク〟。3人のお子さまを育てあげながら、ワインに関する造詣の深さはソムリエ級と、強さとやさしさ、そして華やかさを兼ね備えたスーパーウーマンです。

保険はシンプルに考えて、
シンプルなものを選ぶ。

これからの保険選び

岸　浩二

Koji Kishi

私が入っている保険　NKSJひまわり生命「家族のお守り(収入保障保険)」
ソニー生命「リビング・ベネフィット(生前給付保険)」
オリックス生命「医療保険キュア」
損保ジャパン「所得補償保険」

プロフィール　株式会社アーネストプレイス
取締役　営業本部長

東京都出身。高級外車のディーラーに7年間勤めた後、「創造する仕事」を求め保険業界に。人生のあらゆるリスクにおいて保険でできること、できないことを、わかりやすくシンプルに伝えることを追求し続ける。お客さま自ら選べるよう、保険の知識を平易に説明することにも力を注ぎ、世の中の保険に対するハードルを下げることを目指す。

連絡先　保険のクリニック那覇店
〒900-0006
沖縄県那覇市おもろまち4-4-9　サンエー那覇メインプレイス2階
tel.098-941-5811　fax.098-941-5812
e-mail　k-kishi@earnestplace.com
URL　http://www.earnestplace.com

難しいことをやさしく、やさしいことをわかりやすく

「保険は難しいもの」というイメージは、保険業界がつくり出したものだと思います。

保険は本来、お客さまが気軽に選べるもの。カリスマセールスマンでなければ販売できないものであってはいけないと思います。だから私は難しいイメージをなくしてもらうために、できるだけやさしく、わかりやすくお客さまにお話しをします。

お客さまとお話しする時間は短く、普段は10～20分、長くても1時間。

基本的には「保険の仕組みと役割、機能、できること、できないこと」だけをお話しします。こちらが説得するのではなく、ご自身で納得された方だけがご加入いただければいいと思っています。なぜなら保険で解決できないことも世の中にはたくさんあるからです。

ライフプランを前提に保険を組み立てることに意味がないとは思いません。でも実際にこの仕事をしていると、念願のマイホームを手に入れた後にお子さまを事故で亡くしたり、事

業をされていた方が自殺したりする現実に出くわします。そうなるとFP的な視点で「これで安心」というのはきれいごとのように思えてしまうのです。

設定したファイナンシャルゴールの通りに生きていけるのは、ある程度の資産がある生活の豊かな人です。今のように混沌とした世の中では、まず3～5年をきちんと安全に暮らすことが先決。それなくしては30～50年後のプランは絵に描いた餅に過ぎません。

普通に暮らす方のリスクを考えて保険で手助けをしたい。そして保険についてご相談いただいたときには、なるべくシンプルに、そして時間をかけずにお応えしたい。それが私たちの役目なのだと思うのです。

来店型ショップに、たくさんの経営者やドクターがやってくる

東京の会社が沖縄で仕事をするようになって、10年以上の年月が経ちました。もともとは代表の古川が、沖縄の気候、文化、人柄に魅了され、何かできることはないか、真剣に考え

るようになったのがきっかけです。

当時の沖縄では、保険は縁故で入るのが一般的で、お客さまが主体的に選べる状況ではありませんでした。そこでお客さまが気軽に相談に来られる保険ショップをつくり、多くの保険商品の中から自由に選べるようにしたいと思ったのです。

保険の来店型ショップは、個人のお客さまが多いというイメージでしたが、沖縄では経営者やドクターといった職業の方々の来店がたくさんあるのが大きな驚きでした。

こうした方々とお話しするときも常にシンプルにお話しすることを心がけながら、経営者としての視点を持つように意識しています。「資金繰りよりまず保険」という経営者はまずいないわけなので、優先順位を踏まえてお話しさせていただいています。

「もっとわかりやすく」を追求し続ける

お客さまに保険以外の話はしません。保険販売のときに用いられる周辺知識やデータは、売り手の「準備している結論（売りたい商品）」を裏付けるようにつくられていることがあるからです。また、保険に過度な幻想を抱かせぬよう感情に訴えかけることも避けています。現実を見つめ、言葉を選んでできるだけ簡潔に、シンプルにまとめるようにしています。

実はお話ししたいことをノートに書き出すと何ページにもなるのですが、何度もそれを読み返して数行に絞り込むことで、内容のギュッと詰まった言葉が生まれるのです。

保険をもっとわかりやすく伝えたい、そしてお客さまが自分のリスクに対して自発的に備える意識を持ってほしい。そのための環境づくりをこれからも続けていきます。

著者の目線／

ライフプランから保険設計を始めるプロが多い中、説明を極力シンプルにして、接客時間を短くすることで保険に対するハードルを低くしようとする岸さんの姿勢は、沖縄という地に保険ショップを定着させるうえでの現実的な選択ではないでしょうか。出店を沖縄のショッピングセンター「サンエー」内に絞っている点にも本気を感じます。

長い目でお金を貯めるには、
保険も選択肢の一つ。

小野　一也

Kazuya Ono

私が入っている保険

NKSJ ひまわり生命「健康のお守り（終身医療保険）」
アクサ生命「入院保障保険」
チューリッヒ生命「ガン保険」
オリックス生命「定期保険」
メットライフアリコ「収入保障保険」

プロフィール

小野FP総合事務所　代表
CMA日本証券アナリスト協会検定会員
CFP日本FP協会認定

東京都出身。証券会社アナリスト時代のスイス勤務により、日本人と西欧人の人生観の違いを肌で感じることとなり、大きな影響を受ける。平成10年保険業界へ。独自の経験からもたらされる広い視野でのアドバイスと、保険自体よりも「上質な暮らし」を提案する姿勢が注目を集める。

連絡先

〒104-0054
東京都中央区勝どき2-18-1-1419
tel.03-5534-9601　fax.03-5534-8335
e-mail　k.ono@fp-pro.com
URL　http://www.fp-pro.com

人生で大事なもの「上質な暮らし」を提案

豊かな暮らしをかなえるには、着実に手元のお金を増やしていくことが重要です。

その手段として預貯金をはじめさまざまな金融商品がありますが、万一に備えながらお金を増やすことができるのは保険です。


私はすべての人に「上質な暮らし」を提案していきたいと考えています。

会社勤めをしていれば、お給料が右肩上がりに増えていく時代は終わりました。

限られた収入の中で、いかに支出をコントロールしながらお金を増やしていくのか……。

この「ファイナンシャル・プランニング」という考え方こそが上質な暮らしのヒントです。


そして上質な暮らしは一朝一夕にかなうものではありません。

目先の投機目的ではなく、中長期的な長い目でライフスタイル全体を豊かにするお手伝いをする、そんな考え方から保険もお選びしています。

意外と思われるかもしれませんが、保険は同じ内容であれば、なるべく安いものをご提案するように心がけています。

というのも、あれこれとすべて保険でカバーしようとすると、どうしても保険料は高くなります。そこでお客さまの置かれた立場や社会情勢から考えられる最低限のリスクを見極め、保険をシンプルに考えていただくことをおすすめしているのです。

でもそれはリスクを甘く見ているのではありません。

私は保険業界に入る前は証券会社でアナリストをしていました。

経済情勢や為替相場など、さまざまな投資リスクを知り尽くしているからこそ、お客さまには本当に必要な保険だけを見極めていただきたいと思っているのです。

スイスで見つけた素敵な日常が転機に

実は証券会社時代の私はスーパービジネスマン。常に時間に追われ効率を追い求めて暮らしていましたが、4年半スイスで生活したことが転機になりました。

スイスはヨーロッパの中でも規模は小さいけれど、日常の暮らしや環境をとても大切にする素敵な国でした。普段の他愛もない瞬間に感動したり綺麗だと思える光景がたくさんあり、どうしたらそういう暮らしがかなうのかを考えました。

国際化が進む中、日本だけにいて物事を判断するのみでは視野が狭まり、偏った考え方にもなりかねないと身をもって感じたのもこの時期です。

経済や政治、文化などにグローバルな視点を持ち、偏りのない情報を手にすることがこれからますます必要となるでしょう。

本物の話ができる自分に

保険の仕事を始めて十数年、今では後進の指導にあたることもあります。

そんなとき私はノルマや時間に追われなくとも、この仕事は続けられることを伝えたいと思っています。豊かな暮らしを求めない人はいません。それなら、豊かになれる情報を提供すればいいのです。

また、現在入っている保険を十分理解している人も少ないのですから、わかるようにご説明さし上げればいいのです。その結果、お客さまからたくさんの「ありがとう」をいただけるこの仕事はどんなに素晴らしいか、身をもって示したいと思うのです。

それには私自身が保険に留まらない、価値のあるお話をお客さまにできるようにならなくてはいけない。「小野に会えば本物の話が聞ける」、そう思ってもらえるよう、もっと広い世界観を身につけたいと思っています。

著者の目線

まるで経済誌を飾る評論家のような風貌から語られる、世界的な視野から見たお金や保険の話が人を惹きつけます。一見クールに見えても実は繊細な感性の持ち主。会話の随所に相手への気遣いが感じられるところが、幅広いお客さまに支持される理由でしょう。

かかりつけ医と同じくらい、
保険は担当者選びが重要。

これからの保険選び

中村　治

Osamu Nakamura

私が入っている保険　セコム損保「自由診療保険メディコム(がん保険)」
ソニー生命「終身介護保障保険」「変額保険(終身型)」「総合医療保険」

プロフィール　有限会社ベスト・プランニング・サービス
代表取締役
ファイナンシャル・プランナー

青森県出身。思い立ったらすぐに実行する行動派である半面、保険商品やその周辺知識の習得を怠らない勉強家の一面も併せ持つ。青森では珍しい来店型の保険ショップを構えるほか、最近では日本医療コーディネーター協会認定のライフケア・プラクティショナーの資格を取得し、お客さまの幸せのために日々研鑽を重ねている。

連絡先　〒030-0846
青森県青森市青葉 2-3-9
tel.017-721-3233　fax.017-721-3234
e-mail　bps-osam@cronos.ocn.ne.jp

自分のお客さまは絶対に幸せにする

保険業界に身を置いて27年、途中でこの仕事を辞めようと思った時期もありました。

でも、いろいろな保険会社の中からいい商品だけを組み合わせて、お客さまにピッタリの保険を販売することができる「乗り合い代理店」という今のスタイルに行き着き、こうして保険の仕事を続けています。

スタッフには「保険を通じて私たちとつながったお客さまは絶対に幸せにする！」という理念を共有してもらい、臆することなく自信をもって保険をおすすめするようにいっています。社名のベスト・プランニング・サービスは、その決意の表れでもあります。

ベストなプランニングのためには、お客さま一人ひとりと真剣に向き合い、その人のことを深く掘り下げて考える必要があります。たとえ双子の兄弟でも、置かれた環境や望むものなどが違えば、本当に必要な保険は全く異なるのです。

知識の習得もこの仕事には欠かせません。新しい保険商品は毎月のように発売されていますし、金融や医療といった保険以外の情報にも精通している必要があります。最近は、患者と医療の間を取り持つ「ライフケア・プラクティショナー」の資格を取得しました。

またお客さまの中には、自分が健康なときには保険を無駄だと考え、入っていた保険をやめてしまう方も少なくありません。

でも削った保障のところほど具合が悪くなる方を何人も見てきました。それこそ何のための保険なのか。そうした体験から減額や解約を希望するお客さまには、いま一度保障の必要性をお話しするように努めています。

いろいろな仕事を経て最後に選んだ保険業界

18歳で青森商業高校を卒業。お給料をもらいながら心身を鍛え直してから次のステップを考えようと思い自衛隊に入隊しました。

大学同様に4年間で辞めるつもりが、強い引き留めにあって除隊は5年後でした。

お酒と美味しいものが好きという理由で、辞めた翌日から居酒屋勤め。自分で店を持ちたかったのですがお給料が安かったので、次は高給に惹かれて運送会社に入りました。

青森と東京をトラックで往復するたびに交通事故を目の当たりにして、もし自分が事故で死んだら家族はどうなるのだろうと考えるようになりました。

そして、私の不規則な生活に合わせ無理をしていた母が体調を崩したことを機にドライバーを辞め、後輩の誘いもあって保険会社に入社することになるのです。

外見からは信じてもらえませんが（笑）、私は人見知りで無口な性格です。

それでもこうしてこの仕事を長く続けてこられたのは、実直に努力を重ねているうちに信頼を寄せてくださるようになったお客さまのお陰。お知り合いをご紹介くださる方も多く、その信頼だけは裏切ってはいけないと、いつも自分にいい聞かせています。

保険のプロとして被災地でできることをしたい

割安な掛金で火災や地震などに備えられる「住宅総合火災保険」があります。私一人で年間５００件近く販売したおすすめ保険なのですが、震災後の今も、その保険を知らない人はまだまだいらっしゃいます。

そこで被災地となった仙台に拠点をつくり、住宅総合火災保険の啓蒙活動を開始しました。

今回の震災は私の住む青森は直接の被害こそなかったものの、人ごとではありません。保険のプロとして、今後も起こり得る天災から生活や財産を守る保険をしっかりと広め、可能であれば雇用にも貢献するなど、できるだけのことをしていきたいと思っています。

著者の目線／

お客さま本位の提案のために、自分の実入りを示す「手数料表」は見ないと笑う中村さん。医療や健康の相談にも応じられるよう「ライフケア・プラクティショナー」の資格を取得するため講座にまで通う姿勢は、お客さま本位の意識が本物である証です。被災地のケアにも、いち早く単身で乗り込んでいく行動力も魅力の一つです。

月々の掛金よりも、支払総額を気にする。

左から
株式会社グローバルリンク
代表取締役　重永 久則氏
田代氏
山中氏

山中　孝二

Koji Yamanaka

私が入っている保険　メットライフアリコ「収入保障保険」「積立利率変動型終身保険」「ガン保険」
三井住友海上あいおい生命「収入保障保険(短期払)」「新医療保険α」

プロフィール　株式会社グローバルリンク
リスクコンサルタント

宮崎県出身。土木の設計や現場監督を経て保険業界に。20代前半からスポーツを通じて親交のあった重永社長が「お客さまの代理人」として保険代理業を経営していることに共感し合流。会社の中核メンバーとなった今、永続性の保てる組織型運営を目指して、社内の仕組みづくりにも取り組む。

連絡先　〒880-0842
宮崎県宮崎市青葉町 74-1　青葉ビル 1F
tel.0985-62-2920　fax.0985-62-2921
e-mail　yamanaka@global-link.co.jp

「お客さまを守りたい」という使命感にかられて

私たちは自分たちの仕事を保険会社の「販売代理店」ではなく、お客さまの保険選びをお手伝いする「購買代理店」だと考えています。複数の保険会社から最適な保険を選ぶのは大変な作業ですから、私たちがお客さまの代理となってお手伝いをするのです。

「正確な情報分析と適切な助言」が当社のモットー。ご提案さし上げる前にまずはお客さまが不安に思うことをお聞きして、必要な保障を効率的にかつ効果的にご紹介するようにしています。

お客さまと接していると、必要としていない保険にまで入っている人や企業がいかに多いか、痛感します。

この仕事を始めた頃は、保険を売りつけにきたと思われるのが嫌で、心の中で遠慮している自分がいたのですが、もったいない保険の入り方をしている人を多く見るにつけ、「自分のお客さまを守らなくては！」という使命感に変わっていきました。

社長を超えたい気持ちがモチベーションに

社長の重永とは22歳のときから趣味のジェットスキーを通じて親交があり、大会で毎回のように表彰台に上がる重永にいつか追いつきたいと思っていました。

以前は土木関連の設計や現場監督をしていたのですが、不況で地元の仕事がなくなり、県外出張が1年間に10カ月にも及ぶようになってしまったのです。

家族と一緒にいられる仕事がしたいと、プライベートでずっと付き合いのあった重永に相談し33歳で損害保険会社の研修生になり保険の仕事を始めました。

私たちは保険ではなく自分たちの人間性を買ってくださいというスタンスで動いています。ですから商品は自分であり、契約をいただくということは自分を認めてもらうこと。契約していただくことが大きな喜びですし、ありがとうといわれるとうれしさもひとしおです。

また、自分は重永とプライベートでの付き合いも長いので、この人に仕事で認めてもらいたい、いつかは勝ちたいという気持ちをずっと持っています。

「グローバルリンクスタンダード」で目線統一（重永代表）

私たちは個々にお客さまを担当していますが、社内の誰が担当しても同じクオリティーのサービスが提供できなくては組織運営の意味がありません。そこで私たちは「グローバルリンクスタンダード」という会社標準を掲げ、例えば保険商品の顧客メリットを誰もが同じ目線、同じレベルで語れるような勉強会などを、日々行っています。

そして何よりも私たちがこだわっているのは、徹底的なリスク分析です。人や企業が抱える心配ごとやリスクへの備えを、すべて保険でカバーする必要はありません。保険でしか備えられない部分だけに保険を掛けることで無駄を省き、その根拠も明確にご説明することで、目からうろこが落ちたようだと喜んでくださるお客さまも多いのです。

後継者を育てていくことが夢

損害保険会社の研修生になったときから、重永には「保険は売ろうと思うな。お客さまの情報や心配ごとをお聞きして、その処方箋をさし上げるのが仕事だ」と教えられてきたお陰で、営業の仕事は初めてでしたが、つらいと思ったことはありませんでした。

今年でこの仕事も8年目、当面はもう一人の営業担当である田代と協力して会社の規模を大きくし後継者を育てたい、そのためには経験を積んでいって最終的には2人で会社の切り盛りをして、いつかは重永を超えたいと思っています（笑）。

著者の目線

「自分が話すより人の話を聞くほうが好き」という山中さんですが、休日はジェットスキーを操るアクティブな面も垣間見え、内面では静かに闘志を燃やしているタイプ。社長を筆頭として社内全体がレベルアップに励む姿は、体育会のような清々しさを感じます。「お客さまを守る」という強い使命感が、たゆまぬ向上心の源なのだと思います。

「万が一」のことよりも、
確実に訪れる老後に備える。

田中　広江

Hiroe Tanaka

私が入っている保険

JA 共済「終身共済」
旧 AIG エジソン生命「一時払終身保険」
メットライフアリコ「IS 終身保険」
ソニー生命「積立利率変動型終身保険」「終身介護保障保険」「個人年金保険」
旧きらめき生命「終身医療保険」
アフラック「がん保険」

プロフィール

有限会社アイドカ　代表取締役
ファイナンシャル・プランナー（AFP）
トータルライフコンサルタント
証券外務員2種
保険代理士

岩手県出身。大学時代は居酒屋のアルバイトに明け暮れ5年かけて卒業。公務員志望だったが人と話す楽しさを覚え、営業を希望し保険会社に入社。保険そのものを愛し、出会う人すべてにその魅力を伝えたいと意気込む。保険を活用した資産づくりを提唱するほか、相続や事業承継のトラブル解決にも励む。

連絡先

〒020-0114
岩手県盛岡市高松 2-2-7　2F
tel.019-663-8113　fax.019-663-8114
e-mail　hiroe_tanaka@aidca.co.jp
URL　http://www.aidca.co.jp

ゆりかごから墓場まで、すべての人に喜んでもらえる仕事

26歳で保険会社に入社して27年。こんなに素晴らしい職業はないとずっと思ってきました。例えば車を売ろうとしたら、免許があってかつ車を買いたい人しか対象になりません。でも保険は違います。赤ちゃんから働き盛りの方、さらにはお年寄りまで、ほとんどすべての人を対象にお話しできる仕事なのです。

保険会社勤めの時代にも、そう思って本当にたくさんの人に保険のお話をしてきましたが、保険会社にいる以上、その会社の保険しか扱えません。もっとたくさんの保険会社、保険商品を皆さまにお届けしたい、そう考えた私は代理店として38歳のときに独立を果たしました。

せっかく掛けるなら必ず保険金が受け取れるものを

保険は一般的に万一に備えるためのものですが、私はあえて資産づくりを一番の目的に置いて、円滑な相続対策には生命保険が有効な金融商品と思ってご提案しています。

なぜなら、保険を検討するときに多くの人は入院したり、ガンにかかったりしたときのことだけを心配します。それも大事なことですが、最終的には誰にでも起こり得る「老い」と「死」に備えることが重要です。

日本ではほとんどのお金を銀行や郵便局に預けていますが、亡くなったときに現金が増えるのは保険だけです。ですから、私はせっかく掛けるなら、保障のみの掛け捨てではなく、いつか必ず保険金が受け取れる積み立てにもなる終身保険をおすすめしています。

そういう意味では、私のライバルはズバリ銀行です。

また、お金と保険、相続の話は笑顔で行うのが私のモットー。

ご夫婦を前に保険の話をすると、旦那さんは自分の万一のことを話されているようで普通は嫌がります。自分の死を想像して楽しい人などいません。だからこそ生きて使える積み立てもしながら万一のときにも役立つ終身保険をおすすめし、「人は皆、いつか必ず老いて死ぬのだから」と笑顔で話をするのです。

家庭のお金は家族でオープンにしておく

次男が成人し家族4人で温泉に行ったときのことです。

いい機会だと思い、私の収入や資産をある程度話し、家内と息子の3人への遺産の分け方について家族会議をしていたところ、突然長男が泣き出したんです、「親父、ガンなのか」と（笑）。

事情を話し、安心してもらいましたが、そのときは遺産のすべてを家内が引き継ぎ、長男と二男は放棄するということで合意しました。

これからは毎年、機会があるごとに家族会議を開いて家庭のお金をオープンにするとともに、私に万一のことがあった後も家族がお金のことでもめることなく仲良く暮らせるよう、自分の収入で生活し本当に困ったときに遺産を使うよう伝えていこうと思っています。

お金に振り回されない人生を全うするために

また最近では、お客さまの遺言状に私の名前を書いていただくことがあります。

遺言執行者として弁護士さんらとともに選任していただき「自分にもしものことがあったら田中に連絡しろ」とご家族にも周知いただくのです。

私を信用して万一のことまで任せてもらえるこの仕事を心から誇りに思います。

日本では生前に相続の話を持ち出すことはタブーになっていますが、相続はある日突然起きるもの。何の準備もないために、家族が仲たがいしたり、バラバラになってしまったりすることが実に多いのです。お金に振り回されることなく楽しく人生を全うし、家族の幸せも守れる。そんな当たり前のことを誰もが真剣に考え実践できるよう、私はこの仕事を一生続けていきたいと思っています。

著者の目線／

盛岡市内で来店型保険ショップを含む複数の拠点を展開し、保険以外にも資産運用や住宅ローンなど、家計に関連したサービスを提供するアイドカは田中社長のバイタリティーそのもの。社名を掲げた営業車が走り回る盛岡市内での認知度の高さも、田中さんの行動力と密接な関係がありそうです。

保険を検討するときこそ、
将来のことを思い描くチャンス。

これからの保険選び

宮田　久雄

Hisao Miyata

私が入っている保険	ソニー生命「変額保険（終身型）」 メットライフアリコ　富士生命「医療保険」「ガン保険」 旧日本興亜生命「10年積立」 日本生命「個人年金保険」
プロフィール	株式会社 IFP　代表取締役 ファイナンシャル・プランナー2級 証券外務員2種

茨城県出身。ライフスタイルを確立して人生を謳歌する人を増やしたいと「サクセスライフプラン」を提唱、自社の売りものは保険ではなく「安心と感動と夢」と言い切る。ライフプランにかける強い思いと、地元FM局でパーソナリティーも務めるバイタリティーはお客さまばかりか同業者も惹きつけ、ファンも多い。

連絡先

〒310-0066
茨城県水戸市金町 3-4-30　ディライトレジデンス 101
tel.029-291-4021　fax.029-291-4022
フリーダイヤル:0120-147-114
e-mail　miyata@ibaraki-fp.com
URL　http://www.ifp-mito.com/

ライフプランでかなえる幸せな生活

高校を卒業してから郵便局で働いていました。郵便事業に7年、貯金事業に7年、そして簡易保険に7年携わり、39歳で退職して現在の会社を設立。

32歳のときに私が立てた「35歳でマイホームを建て、37歳でFPの資格をとり、40歳でFPの会社をつくる」というライフプランが、現実のものとなったのです。

ライフプランとは人生の設計図。何の指針も持たずに暮らしていては行く先も定まらず願いをかなえることもできません。目標を定めるとエネルギーがいい方向に変わります。

こんな自分でも目標を持ったからこそ、ここまでこられたのだと強く実感しています。だからこそ一人でも多くの人にサクセスライフプランをつくり幸せになってほしいのです。

ライフプランをつくることで1円たりとも無駄のない保険を選びいい人生をかなえてほしい、そんな思いから、ライフプランのアドバイスや実行のお手伝いをさせていただいています。

保険というと亡くなったときの備えを真っ先に思い浮かべる人も多いかと思いますが、例えば、40歳の男性が亡くなる確率は0・13％しかありません（厚生労働省　平成22年簡易生命表より）。

逆にいえば人は99・87％の確率で生きるわけですから、万一のことばかり心配するのではなく、一度きりの人生を謳歌できるように、保険も選んでほしいのです。

保険選びは人選び、ともいいます。いろいろな保険のプロに相談をしてみたうえで、これからもずっとお付き合いのできそうな人を選んでください。

1000人以上の人脈を通じてあらゆる問題を解決

お客さまのところへ行くと「宮田さんと話をしたら元気になった」といわれることがよくありますが、実は元気をもらっているのは私自身のような気がします。

とはいえ人生には、ライフプラン通りにいかず気分が落ち込むときもあるでしょう。

そんなときに何か応援できる術はないかと考え、メールマガジンを配信しています。

タイトルは「朝から明ワクメール」。その日、頭に浮かんだお客さまが一日を元気に過ごせるようなことを、想像力を働かせながら書いています。

ほかにも、ホームページや自分がパーソナリティーを務めるラジオ番組なども活用して、お客さまとのコミュニケーションには力を入れています。

また、私はお客さまに「困ったことがあったら何でも相談してください」といっているのですが、その結果、保険そのものに関する相談は1割程度（笑）。でも、保険はライフプランをかなえるアイテムの一つに過ぎないのですから、それでいいのです。

時には育児のアドバイスや子ねこのもらい手探しを頼まれたり、震災直後にはガソリンスタンドの在庫状況をリアルタイムで発信して、とても喜ばれました。

多くの人との出会いを通じてお客さまの問題解決につながる引き出しがどんどん増えていくという、そんな好循環がこの仕事の醍醐味かもしれません。

もっとたくさんの人に生きる指針を与えたい、ライフプランニングの素晴らしさを共有できる仲間とともに、これからも一人でも多くのお客さまにサクセスライフプランを提供するのが私の願いです。そして、そうすることで生涯を通じて人生に寄り添うこの仕事を、日本中に広げていきたいと思っています。

著者の目線／

いつも冗談を連発して場を和ませてくれる宮田さんは、気遣いの人。お客さまの人生に丸ごとかかわろうとする姿勢から、時には歯に衣着せぬ物言いが飛び出します。でもその人間臭さが最後には人をファンにしてしまう、不思議な魅力を持っています。業界内外にも幅広いネットワークを持つことも人徳のなせる業でしょう。

加入中の保険一覧は、
家族全員がわかるようにしておく。

これからの保険選び

井上　和美

Kazumi Inoue

私が入っている保険

東京海上日動あんしん生命「個人年金」「終身介護保険」
メットライフアリコ「外貨建個人年金保険レグルス」「収入保障保険」「新終身医療保険レディーナ」
東京海上日動火災「超保険」

プロフィール

Office JBI　代表
インシュアランスコーディネーター

東京都出身。学卒後リゾート会員権販売の会社に就職するも、結婚のため退職。自らの交通事故をきっかけに保険の大切さに目覚め、国内生保の営業職員に。以後、複数の保険会社を取り扱う乗り合い代理店に転籍、昨年独立。これまで1000件以上の相談実績を持つほか、現在はマネーセミナーの講師としても活躍中。

連絡先

〒190-0013
東京都立川市富士見町 2-33-4　クラルテ 201
tel.042-595-6844　fax.042-595-6844
e-mail　info@office-jbi.com
URL　http://www.office-jbi.com

大切な人が亡くなったら何が必要か考えましょう

相談会やセミナーで出会ったお客さまに話をうかがうと、何のために保険に入っているのか、根拠を考えずに加入している人があまりにも多いと感じます。

「大切な人が亡くなったとき、お金がどのくらい必要か」

保険に入る理由と選び方に迷ったら、この原則に立ち返って考えてみてください。

振り返ってみれば、この仕事を始めたのは自分の交通事故がきっかけです。子どもを保育園に送り届けた後、交差点で車にはねられたのです。5メートルくらい飛ばされたことも覚えていないのに気がついたらかすり傷一つない、不思議な体験でした。

そのとき、もし私が死んでしまったら子どもたちや家族の生活はどうなっただろう、そして家族に何が残せるのだろうと思ったとき、保険に入る意味に気がついたのです。

たまたま国内生保に勤めていた知り合いの紹介もあり、パートの仕事を辞めて営業職員になる決心をしました。

保険のことを勉強して、改めて自分にどんな保険が必要なのか、ライフプランをつくってみたところ、数年後には子どもたちに大きなお金がかかることに気づきました。

あわてて家計を切り詰め、味噌や梅干し、パンまで手づくりに（笑）。でも子どもたちと一緒につくるのはとても楽しい作業で、ご近所にもお裾分けするうちにつくり方を教えてほしいという人も増え、母親同士のコミュニティーも広がりました。

このときに確信したんです。自分のやりたいことは、保険を通じた家計全体の応援コンサルティングなのだと。

「いい子育ての本」＝デール・カーネギー

その後、家庭の事情で保険からは一時離れることになり、子育てをしながら別の仕事を続けていたのですが、私は家事と仕事の両立が大変だと思ったことは一度もありません。

育児に悩む人が多い中、私の場合は生来の楽天的な性格に加え、最初の子どもを授かったときに出会ったD・カーネギーの『人を動かす』という本の影響があると思います。

そのときは有名な自己啓発本とは知らず、てっきり子育ての本だと思って読んでいたのですが、書かれていることを実行すると何ごとにも腹を立てることがなくなり、仕事も育児もうまくいき始めました。

例えばその本に「人を動かすには挫折したときにどう立ちあがらせるかが大切で、手を貸すことは育てることにならない」という一節があるのですが、実際に子どもが転んだとき「痛かったね」とだけでいって見守っていると、泣かずに自分で立ち上がるものなのです。

私の使命は「保険を通じて残された家族を支える」こと

私にとってこの仕事に取り組む原動力となっている、忘れられない出来事があります。

それは私のお客さまが帰宅途中で車にはねられ帰らぬ人となったこと。保険金をお届けした奥さまがおっしゃるには、その日の朝もお勤めに出られる旦那さまをいつも通り見送ったたそうです。

同じような事故にあいながら私はこうして生きている。そう思ったときから、保険を通じてこの奥さまのような境遇の人を支えるのが自分に与えられた使命だと悟りました。

最近、独立を果たして一人で活動を始めました。将来的には生命保険も損害保険もしっかり提案できるコーディネーターを育てていきたいと夢を膨らませています。

最後になりますが、保険はご契約をいただいたときからがお付き合いの始まりです。お客さまに何かあったときに、真っ先にご相談いただける存在でありたいと思います。

著者の目線／

いつも笑顔を絶やさず、はつらつとお話をされる井上さん。ご自身の子育てや事故の体験をもとにしたお話には、いつもつい引き込まれてしまいます。

相談会やセミナーでは「井上先生」と頼りになる存在である一方、お客さまへのきめ細やかなフォローには女性らしさを感じさせる、働く女性の見本のような方です。

「保険はどこの保険会社でも同じ」ではない。

これからの保険選び

生島 秀一

Shuichi Ikishima

私が入っている保険　メットライフアリコ「収入保障保険」
東京海上日動あんしん生命、メットライフアリコ「ガン保険」
東京海上日動フィナンシャル生命「変額保険（終身型）」
AIU「スーパー上乗せ健保」
NKSJひまわり生命「健康のお守り（終身医療保険）」

プロフィール　株式会社ヒューマン&アソシエイツ
代表取締役

福岡県出身。イギリスでのアンティーク買い付けを機に、海外を渡り歩きながら見聞を深める。アメリカ留学後、「一国一城の主」を目指し損保の研修生に。独立後、福岡に総合保険代理店ヒューマン&アソシエイツを創業。保険ショップ展開や沖縄進出など、積極的展開を図りつつ、従業員満足度の向上に力を注ぐ。

連絡先　〒810-0032
福岡県福岡市中央区輝国 1-12-18
tel.092-533-3318　fax.092-533-3319
e-mail　ikishima@hoken-human.jp
URL　http://www.hoken-human.jp

人生のターニングポイントはいつもハワイから

今から約10年前、ハワイで大成功を収めていた保険代理店ノグチ&アソシエイツが開催する研修「ノグチアカデミー」に参加したことが会社の大きなターニングポイントでした。

形のない保険を扱うには人間性（ヒューマン）が一番大切だと感じ、同じ志を持った仲間（アソシエイツ）とともに働くという意味をこめ、社名を現在の「ヒューマン&アソシエイツ」に変更し、組織化に着手したのがこの頃です。

ハワイはそれまでも大好きで毎年通っていたのですが、あるとき家族とマウイに行ったところカリフォルニアから遊びに来ていたご夫婦と知り合いました。

ハワイには年2回訪れるという彼らのライフスタイルに憧れた私は、自分も必ずハワイに行けるようになろうと、それまでの仕事のやり方を根本から見直したのです。

現在の自社ビルもハワイで知り合った建設会社社長のお陰で建てられ、来店型保険ショップを始めたのもノグチアカデミーの人脈がきっかけ。私の人生においてハワイは切っても切れない縁があるのです。

アメリカ流のよいやり方は取り入れる

現在は保険業界に長く貢献されてきた大ベテランクラスの保険のプロを組織化し、役割分担を決めながら、将来的にハッピーリタイアメントを目指す委託型代理店を運営。

先行していた来店型保険ショップと連動する試みも沖縄から始め、北九州にも広げています。積極的に出店しているように見られがちですが、私たちが重視しているのはあくまで人。よい「人財」と巡り合いそこからその人を活かすお店をつくるのが基本的な考え方です。

またこれからは、より専門分野に特化した組織をつくることも重要です。

私が学んだノグチ&アソシエイツも同様で、アメリカの保険代理店は例えば建設業、ホテル業、日本人マーケットなど、業種ごとの専門部門とスペシャリストを持っています。一人の営業担当者があらゆる業種や商品に精通するなど無理なことです。営業担当者はクライアントを開拓し、案件があればスペシャリストを同行させるのです。

私たちもこれからは、よりお客さまに支持されるサービスを提供するため、アメリカ流のよいやり方は取り入れ、組織を先鋭化していきたいと思っています。

よか！　ウチにはヒューマンがおる

高校卒業後、アンティークショップでアルバイトをしていた頃、イギリスへ買い付けに行かせてもらったのですが、会社の業績悪化によりすぐに撤退することになりました。

でもせっかくの機会なので、バイトをしながら1年くらいヨーロッパを転々としていました。

帰国した後も昼夜を問わずに仕事をして貯めたお金で「奥さまは魔女」や「イージー・ライダー」を見て憧れていたアメリカに留学したのです。

26歳で帰国しましたが仕事は見つかりません。知人が経営する宝飾関連の会社で働かせてもらおうとしましたが、サラリーマンには向いていないから、将来独立できる仕事を選んだほうがいいといわれてしまいました。

そんなときに見かけた「一国一城の主になりませんか」という損保の広告に引かれて保険

業界に入ったのですが、やってみると保険とは人や会社の未来に大きくかかわるものであると気づきました。

何年か前のこと、大きな事故にあった得意先を訪問したところ、対応に困惑する社員を前にその社長がこういいました。「よか！　ウチにはヒューマンがおる」

私たちの仕事に対する誇りと使命感そのものを体現したその言葉は、経営理念「大丈夫！　あなたにはヒューマンがいる」として今も生き続けています。

いざというときにこそ真価を問われるのが保険です。よい相談相手をお選びください。

著者の目線／

髭をたくわえたその風貌から豪快に見える生島さんですが、実に緻密な一面も持ち合わせています。例えば、保険会社ごとに異なる補償や付帯サービスの内容、保険料などは年に1回全社を挙げて研究しているとか。また人材育成に悩み、夜中に何度も目が覚めてしまった話からは、いかに人（ヒューマン）を大切にしているかがうかがえます。

そもそも保険が必要なのか、
考えてみる。

野武　幸雄

Yukio Notake

私が入っている保険　ソニー生命「終身保険」「リビング・ベネフィット（生前給付保険）」
「変額保険（終身型）」「総合医療保険」
アクサ生命「終身医療保険」
富士生命「がんベスト・ゴールド」

プロフィール　ライフマイスター株式会社　新宿支店長
ファイナンシャル・プランナー（CFP）
東京商工会議所会員
2012年MDRT成績資格終身会員
株式会社FPボックス　代表取締役

東京都出身。電力関連会社に15年間勤務後、保険業界に転職。保険はあくまでも補てんするものというスタンスを貫き、お客さまの立場に立った提案で、個人顧客の数は日本有数を誇る。自分の入っている保険の内容を知らない人を一人でも減らすという「世直し」を自らのライフワークとして、生涯続けていきたいと思っている。

連絡先　〒169-0075
東京都新宿区高田馬場 3-8-5　安永ビル 3F
tel.03-6279-3263　fax.03-6279-3265
e-mail　notake@lifemeister.com
URL　http://lifemeister.com/

社内のよろず相談から保険の相談へ

電力関連会社に勤務していた15年間、ずっと総務畑を歩んできました。総務というのは社内の困りごとを解決する部署、そういった意味では保険の仕事も同じだと思っています。

自分では保険を「売る」というよりも、あくまでも保険に関する相談にのる気持ちで、常にお客さまと接しています。

必要な情報を提供し保険の仕組みを教えてさし上げれば、お客さまも何がしたいか見えてきます。そこで本当に必要だと思えば保険をご提案するのです。

安定した会社を辞めたのは生保会社のスカウトに「野武さん、夢はありますか?」と聞かれ、現実に満足していた自分に夢がないことに気づかされたから。

そこで初めて自分の可能性を確かめずに、このまま一生を終わっていいのかと思ったのです。

転職して18年、保険会社の制度も時代とともに移り変わり、それまで認められていた独立できる制度がとりやめになることになりました。

社内である程度の目標は達成していたことと、一つの保険会社の専属だとお客さまの選択肢が狭いこと、そして独立するには最後のチャンスだという点も後押しし、会社を辞める決意をしたのです。

保険は相互扶助のシステム

保険はもともと皆が保険料を出し合い、困っている方の役に立てるというもの。経済的なダメージを軽減して、人に迷惑をかけないようにするものです。

皆さんが加入している健康保険には「高額療養費制度」というものがあって、医療費の自己負担額が一定の金額を超えたら、その分が健康保険から戻ってくるのです。しかも、入院が決まった段階で「限度額適用認定証」をもらっておけば、窓口での支払いを初めから自己負担限度額だけにすることができます。

つまり差額ベッド代などを除けば、入院には実はそれほどお金がかからないのです（平成24年4月からは外来にも適用されています）。

そうしたことを知ったうえでほかに何が心配か、いざというときに何が必要かを確認して、保険が役に立つと思えば入ればいいのです。

私は常に「自分が入るなら」と考えて保険商品を提案します。ですから自分の入っている保険証券を持ち歩きお客さまにもお見せしています。

今の仕事を続けていくことが「夢」

保険の仕事のいいところは、毎日感謝されること。

こちらがご契約をいただいているのに、お礼をいわれることがほとんど。また、最初は保険にネガティブなイメージを抱いていた方が最後には笑顔になり、「よくわかりました、ありがとう」といってくださると、本当にやっていてよかったと思います。

現在は、個人の方を中心として4000件以上の契約をお預かりしています。

私を信頼しご紹介してくださる方の輪が広がることもまた喜びの一つ。

東北や関西から呼んでいただき飛んでいくことも少なくありません。

安定していたはずの会社を辞めて飛び込んだ保険業界ですが、今まで続けてこられたことに感謝しています。

今再び「夢はありますか？」とたずねられたら、この仕事をずっと続けていくことが夢だと答えます。始めた頃は「辞めないよね？」と聞かれていましたが、最近では「死なないよね？」といわれることが多くなってきました（笑）。

こうしたお客さまの期待に応えるため、そして夢をかなえるためにも、昨年、全国百数十名の同志とともにライフマイスターという新しい代理店を立ち上げ切磋琢磨しています。

著者の目線／

野武さんは保険を「売ろう」と意識せず、お客さまとの出会いを楽しみながら仕事をされているので、お客さまと気軽にストレスなく保険の話ができているのがよいですね。

毎日当たり前と思われることを着実に積み重ねてこられているからこそ、これだけたくさんのお客さまに支持され感謝され続けているのだと思います。

保険を見直すタイミングは、結婚・出産・住宅購入。

向井 正行

Masayuki Mukai

私が入っている保険	ソニー生命「終身保険」 アクサ生命「変額終身保険」「終身医療保険」
プロフィール	株式会社ほけんの110番　関西支社 執行役員　支社長 ファイナンシャル・プランニング技能士2級

大阪府出身。7年間勤めた信用金庫が破たん、30歳で保険業界へ。信用金庫勤務の経験から、保険以外にもお金に関する幅広い知識や経験が強み。義理や人情に頼らず、お客さまとほどよい距離感を保ちながら、最新の情報提供に努めるスタイルに顧客からの信頼も厚い。

連絡先

〒550-0012
大阪府大阪市西区立売堀 1-9-23　シティライフ本町ビル 7F
tel.06-6536-7702　fax.06-6536-7703
e-mail　masayuki.mukai@e-bewith.com
URL　http://e-hoken110.com/

面白くない男だと思われても構わない

信用金庫で7年間、融資業務を中心に行っていました。

29歳で最年少支店長代理になった頃、その信用金庫が思いがけず経営破たん。吸収合併される側になったとき、次に働くならつぶれない会社にしよう、そして会社に依存しない働き方を身につけようと心に誓ったのです。

そんな気持ちから、業界のこともあまり知らないまま、世界有数の金融グループ傘下という理由で某外資系生命保険会社に入りました。

保険会社では、富裕層のお客さまとも話ができるよう生活レベルを合わせることを指導されることもありました。でもそんな見栄を張るようなやり方は自分に合わないと思い、信金時代と同様、客先へは商業用バイクで駆けつけていました。

お客さまとは適度な距離感を保つことがポリシー。義理や情ではなく情報量で評価してもらえるよう、情報収集には余念がありません。

接待もしないしお世辞もいわない、中には面白くない男だと思う人もいるでしょう。でも保険とその周辺にかかわる知識は誰にも負けない自負があります。プロとして、実直にお客さまのお役に立てるように尽力する「保険屋」がいてもいいのではないでしょうか。

こちらから「押す」のではなく、お客さまからの依頼を「受ける」のが理想のスタイル。そもそも営業力が弱い私は、お客さまからのご紹介もあてにせず信金で培ったマーケット開拓を工夫するようにしています。

例えば、結婚や出産、住宅の購入など、ライフステージの節目は保険の入り時でもあります。そこで結婚式場や住宅販売会社などと提携をすることで、保険の加入や見直しを希望するお客さまと、タイミングよく会える仕組みをつくっています。

誰も辞めない組織をつくる

保険会社からは独立するつもりでしたが、当時の同期が保険代理店を創業するというので、一緒にやらせてもらうことにしました。

目指したのは誰も辞めない組織。

勤め先の破たん後、人が散り散りに去っていった苦い経験から、新しい会社では、スタッフが安心して能力を発揮できるしっかりした環境を整えたいと思ったのです。


お陰さまで今のところ、辞めたスタッフはいません。

利益だけを追求すればお客さまもスタッフも離れてしまいます。短期決戦ではなく長期的なビジョンを持つスタッフを揃えるためにも、自分自身が欲におぼれることのないようにしたいと思っています。


保険の仕事は人の生死に深くかかわるものです。実は私自身も家族を亡くした経験があるので、お客さまに万一のことがあった場合、保険のプロとしてどうお役に立てるのか、自分自身に何度も問いかけています。

思えば、その悲しい出来事を乗り越えて今の自分があるのですから、亡くなった家族の分まで充実した人生を送りたいものですね。

今の組織がしっかりしてきたら、個人事務所を別につくって、一人のコンサルタントとして独立起業するのも楽しいだろうと秘かに夢見ています。その実現は別として、お客さまにあれこれとご提案をさし上げるのがやっぱり好きなんです。性格診断では社長業よりもコンサル業が向いていると出るくらい（笑）。本音では、ガチガチの組織よりも一人でコツコツと仕事をするのが向いている性分なのでしょうね。

著者の目線／

振り込め詐欺に引っかかってしまったお客さまが、自分の夫に打ち明けるより先に、向井さんのところへ相談に来たというエピソードからも、身近で頼れる存在であることがわかります。
また、どんなときでも即断即決して行動に移せるのは、艱難辛苦を乗り越えてきた経験と普段からの地道な情報収集の賜物。これからの活躍がますます期待されます。

保険に入る前に、
国や会社の制度を理解する。

これからの保険選び

古館 伸二

Shinji Furutachi

私が入っている保険	旧スカンディア生命、ソニー生命「変額保険（終身型）」 セコム損害保険、アフラック「ガン保険」 アイエヌジー生命「ガン保険」 ソニー生命「家族収入保険」「総合医療保険」
プロフィール	株式会社ニュートラル・ホールディングス 代表取締役CEO 保険ショップ「Dr. ほけん」（佐賀）運営

佐賀県出身。自動車販売業界を経て保険業界に。販売代理から購買代理をコンセプトにした来店型保険ショップ「Dr. ほけん」を事業傘下に置く当社のほか、「401k 確定拠出型年金」「住宅ローン」「資産運用」「不動産」「信託業務」を行うグループ会社を率い、人生のお金にまつわる問題のトータルな解決を目指す。

連絡先

〒812-0011
福岡県福岡市博多区博多駅前 3-4-8 ダヴィンチ博多シティ 4F
tel.092-412-5300 fax.092-412-5858
e-mail tachi@neutral-hd.jp
URL http://www.neutral-hd.jp

お客さまに選んでいただくことが大切

保険事業の原点となるのが20代で始めた自動車販売の仕事です。

既存のやり方には常に疑問を投げかけ工夫したい性質なので、自動車販売ではお客さまをオークション会場にお連れして車を選んでいただき、こちらはその手数料だけを頂戴するという、当時としては画期的なやり方で人気を博しました。

「お客さまに選んでいただく」というコンセプトが商売には大切なのだと思います。現在運営している保険ショップもこちらは選択肢を提示するだけで、選ぶのはお客さまです。

中古車販売とセットで自動車保険も結構売っていたせいで、保険会社からのスカウトで研修生になりました。初めこそ苦労しましたが、ほかの人が行かない土日や夜間に営業することで、コンスタントにご契約いただけるようになりました。

経済先進国ニッポンは金融後進国

その後は複数の保険会社を取り扱い、お客さまにベストな商品を選んでいただける乗り合い代理店として独立。そんなある日、日本で初めての来店型保険ショップがオープンしたと新聞で知りました。そのときは「これだ！」と思ったものです。

すぐにそのショップがある横浜まで飛んでいき、見学させてくれるよう直談判、10日間ほど観察することができました。それから構想を温め、機が熟した2年後に九州で初めての保険ショップを佐賀にオープン。店名は、カラダを診るドクターのように保険を診るという意味を込めて「Dr.ほけん」と名付けました。

残念ながら日本は経済先進国でありながら金融後進国だと思います。自分が子どもの頃も今も、人前でお金の話をすることはタブー視される風潮があります。

私が金融商品仲介業の資格を取ったときに、親から「なぜ人から恨みを買うような仕事をするのだ」といわれたのは、笑うに笑えない本当の話です。

こんな日本の現状を変えて、もっとお金に対してオープンで正しい情報を伝えられる環境をつくりたい。その気持ちが自分を駆り立てています。

ひいては保険に限らずお金全般に関するサポートを提供できる「金融ワンストップ窓口」をつくり上げることが、この仕事を始めてからの願いです。

学校でお金について教えて金銭トラブルを減らしたい

独立してもうすぐ丸20年、金融業界でもさまざまな規制緩和が行われた結果、以前はやりたくてもできなかったことが、実現するようになってきました。

例えば、金融商品の仲介から、独立系の住宅ローンや不動産、土地の相談、遺言などの信託業務まで、さらには中小企業向けの401k事業もスタートしました。

これでかねてより私が思い描いていた「ゆりかごから墓場まで」のサービスにまた一歩近づいています。

将来的には、子どものうちからお金に関する知識を身につけるために、お金の学校教育が

郵 便 は が き

お手数ですが、
50円切手を
おはりください。

151-0051

東京都渋谷区千駄ヶ谷 4-9-7

(株) 幻 冬 舎

「保険のプロ ベスト30人が教える
これからの保険選び」係行

ご住所 〒□□□-□□□□ Tel. (- -) Fax. (- -)		
お名前	ご職業	男
	生年月日 年 月 日	女
eメールアドレス：		
購読している新聞	購読している雑誌	お好きな作家

◎本書をお買い上げいただき、誠にありがとうございました。
質問にお答えいただけたら幸いです。

◆「保険のプロ ベスト30人が教える これからの保険選び」を
お求めになった動機は？
① 書店で見て ② 新聞で見て ③ 雑誌で見て
④ 案内書を見て ⑤ 知人にすすめられて
⑥ プレゼントされて ⑦ その他（ ）

◆本書のご感想をお書きください。

今後、弊社のご案内をお送りしてもよろしいですか。
（はい・いいえ ）
ご記入いただきました個人情報については、許可なく他の目的で
使用することはありません。
ご協力ありがとうございました。

できればと思っています。経営や金融の実務経験がある人が社外講師として教壇に立つようになれば、社会に出てからのお金のトラブルも減らすことができるはずです。

社名に「Neutral」を名乗る以上、これからも中立の立場でお金の正しい情報を、ここ九州より発信し続けるつもりです。

著者の目線／

保険ショップのほか、「401k確定拠出型年金」「住宅ローン」「資産運用」「不動産」「信託業務」といくつもの会社を経営する古館さんはお金回り全般を俯瞰して語れて、実務にも精通したお金の伝道師。また佐賀にある保険ショップ「Dr.ほけん」はいつうかがっても駐車場がいっぱいの人気店です。

保険は加入してから始まり。
長く付き合える担当者を選ぶ。

これからの保険選び

中島　敬仁

Takahito Nakashima

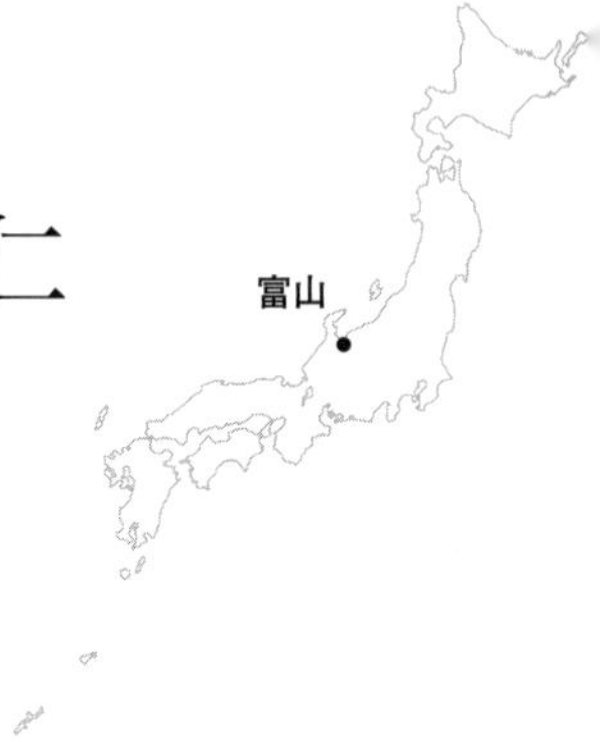

私が入っている保険　メットライフアリコ「新終身医療保険 F4」「マイフューチャー(円建保険金額保証特約付新終身保険)」
アクサ生命「フェアウインド(低払いもどし金型定期保険)」
富士生命「がんベスト・ゴールド」
NKSJ ひまわり生命(旧日本興亜生命)「収入保障保険」

プロフィール　有限会社中島保険事務所
ファイナンシャル・プランナー
MDRT会員

富山県出身。大学を卒業後、外資系生保に総合職として入社し仙台勤務に。その後東京で3年間勤務し、実家の経営する代理店を手伝うため帰郷。北陸にいち早く来店型保険ショップを展開、保険に関する情報発信の場として多くのお客さまからの支持を得る。保険業界をけん引する若手代表として同業向けの講師を務めることも。

連絡先　〒932-0833
富山県小矢部市綾子 5239
tel.0766-67-4856　fax.0766-67-6525
e-mail　message@crux.ocn.ne.jp
URL　http://www.nakashimahoken.com

お客さまも本当はもっと保険を知りたい

外資系生保に8年勤務した後、父親が経営する保険代理店の人出が足りなくなり、30歳で富山県に帰ることになりました。

帰郷してすぐに感じたのは、富山には10社以上の保険会社を取り扱う乗り合い代理店がほとんどなく、お客さまの選択肢が非常に少ないということ。もっといい商品や、中立公正な情報を紹介していきたいと思い「無料保険相談会」を企画しました。

新聞広告を出したところ、反響は想像以上のものがありました。広告を続けるうちに記事としても取り上げられるようになり、相談会は大盛況となりました。

お客さまも本当はもっと保険を知りたい。そう確信した私は2008年に富山県で初の来店型保険ショップをオープン。さらに2店舗目を石川県にできた北陸最大級のショッピングモール内に出店しました。

甲子園常連の高校に進み、大学まで野球部だった私は「野球には神様がいる」と信じていました。それは保険の世界も同じこと。自分たちの利益や効率ばかり追求し、お客さまに長いお付き合いを前提としたサービスを提供できなければ「保険の神様」は逃げてしまいます。

保険は加入してからがお付き合いの始まり。ご加入いただいた後も役に立つ情報を発信し続けることで、お客さまの安心をサポートしていきたいと思っています。

「セールスという職業」が自分の原点

東日本大震災で大きな被害を受けた石巻は、生保会社の仙台支店に勤務していた5年間担当していたので思い入れがあります。その頃は私も入社して間もなくで、最初は多くの代理店さんに取り合ってもらえない日々。少しでも認めてもらおうと、経済情報など役に立ちそうな新聞記事をスクラップしてお届けするなどして必死でした。

くじけそうになったときも、当時の社長から「毎日ご苦労様」と書かれたバースデイカードが届き、またがんばれると思ったものです。

そして当時はもちろん、今でも自分を支えてくれるのが、会社支給の手帳に記されていた「セールスという職業」という文章です。

「セールスほど人間を成長させ、仕事をしながら自己実現できる職業はほかにはない。人生という長距離レースでは、たとえどんなことが起ころうとも工夫し創造し歩き続けることで、秀でた人物になれる」、要約するとそんな内容のこの言葉は、家族や友人と離れた北の地で奮闘する私を勇気付け、働く意味を教えてくれたのです。

会社を辞める当日、入社当時の社長に呼ばれて役員室に入るとこの「セールスという職業」が額縁に入れて飾られているではありませんか。

私が座右の銘としてコピーを持ち歩いていることや、これまでも何度も心の支えになっていたことをお話ししたところ、額縁ごとプレゼントしてくださいました。

これは自分の宝物として今もデスクのそばに飾り、折を見ては読み返しています。

北陸の保険選びを変えたい

今後も父親のように保険業を全うし、常にお客さまとかかわっていくつもりです。現場を離れ経営に専念してしまっては、お客さまの求めているものがわからなくなってしまうと思うのです。私自身がお客さまとの接点を持ち続けることで、スタッフにも身をもって、なすべきことを伝えられると信じています。

また東京と比べ、この地域の情報量はまだ圧倒的に少ないといわざるを得ません。私たちが最新の金融情報を発信することで、北陸の保険選びを変えていきたいですね。

著者の目線／

富山県を拠点に35年以上の業歴を持つ老舗代理店の二代目として、大きな期待を背負いながらそれに応える中島さん。生保会社勤務の経験と若く柔軟な感性を武器に、来店型保険ショップを積極展開するなど、北陸における保険選びの環境を大きく変えようとしています。地方から保険を変えていく、そんな流れの旗頭であってほしいと期待しています。

新しく保険に入る前に、
今入っている保険の内容を理解する。

半澤　勝広

Katsuhiro Hanzawa

私が入っている保険	オリックス生命「医療保険キュア」 メットライフアリコ「終身医療保険」「ガン保険」「積立利率変動型生存保障保険」 セコム損害保険「自由診療保険メディコム」 日本生命「終身保険」 ソニー生命「変額保険（終身型）」
プロフィール	株式会社ユニバーサル アンダーライタース 代表取締役 神奈川県出身。電子部品の会社に12年間勤務後、「やる気さえあれば」といわれ損保の研修生に。3年で独立後、周囲の後押しもあって組織化。損保代理店としては先駆け的に来店型保険ショップを立ち上げ、生保の取り扱いをにも着手。チームワークや仲間の大切さに開眼した今、10年後、20年後を見据えた経営に取り組み中。
連絡先	〒243-0016 神奈川県厚木市田村町 10-18　Smile Company 2F tel.046-225-5551　fax.046-225-1375 e-mail　hanzawa@uui.co.jp URL　http://www.uui.co.jp

人との出会いや信頼が得られる仕事、それが保険

保険は目に見える商品ではないため「この人がすすめてくれるなら」と人で選ぶことが多いものです。車や家は「誰から」というより「何を」買うかが購入のポイントだとすると、その反対。人とのつながりが前提となる分、出会いや信頼を得られる仕事が保険なのです。

初めから出会いや信頼を求めてこの世界に入ったわけではありません。

私は学卒後に電子部品の営業をしたのですが、30歳になった頃バブルがはじけ景気が悪くなりました。会社の状況も思わしくなく転職を考えていたところ、私が自動車保険でお世話になっていた代理店の男性に「やればやるほど稼げるやりがいのある仕事。半澤さんに向いている」とすすめられたのをきっかけに、損保の研修生になったのです。

正直いって、当時はただ稼ぎたいという気持ちしかありませんでした。

縁故知人を頼らないように指導を受けていたため、毎日数十件の飛び込み営業を行うこと

で売り上げを稼ぎました。元々独立したかったので研修期間を最短の3年で修了。思惑通り収入は上がったものの、不思議と達成感はなかったことを覚えています。

担がれて社長になった後で、組織の楽しさを知る

現在弊社の取締役である富山とは、実は研修生時代の知り合いなのですが、当時から彼は私に「社長になって一緒にやろう」といってくれていました。

独立志向が強かった私は社長業に興味はありませんでしたし、保険という仕事自体、結局は担当者次第で選ばれるもので組織にする意味はないとも思っていました。

それでも周囲のすすめもあって、二人で始めることにしたのです。

始めてはみたものの、二人それぞれにお客さまを持って仕事をしていたので効率が上がらず、これでは一緒になった意味がないということで会社組織にすることにしました。

それから少しずつ人を増やし、4～5人でしばらく続けていたのですが、その頃は各自の

会社や仕事に対する考え方がバラバラで、組織とは名ばかりの状態。

結局のところ、一人二人でやっているのもつまらないけれど、人数が増えても面倒ばかり増えて大変という悪循環に悩みました。


そんなある日、京セラの稲盛名誉会長が主宰する若手経営者向けの経営塾「盛和塾」に誘われる機会がありました。

そこで一番心に残ったのは「よいことを思ってよいことをやればよい結果が出る、悪いことを思って悪いことをやれば悪い結果が出る」という言葉でした。

ここでいう「悪いこと」というのは楽をしよう、要領よくやろうという気持ちなのですが、そのときの自分そのものであったことにハッと気づかされました。


本当によい結果というものはすぐには出ないから魅力的に見えないけれども、10年、20年と長いスパンで見れば必ずついてくるとおっしゃっていたのが胸に刺さりました。

目先のことではなく先々を、自分のことよりも組織全体を見て仕事をするように心がけたせいか、以後は業績も上がり、いい人が自然と集まるようになったのです。

物心両面の幸せを追求

保険はお客さまの生涯を守り続けるものだから、その契約を預かる私たちはしっかりと地域に根差し、永続的に存在し続けなければならない、私はそう思います。

そのためには社員が物心両面で満足し、やりがいと誇りを持って仕事に取り組める会社でありたい。学生が就職活動をする際、保険会社よりも保険代理店を選ぶような業界にしたい。そんなことを考えながら、組織作りを楽しむ日々です。

著者の目線／

上場会社並みにホームページへ自社の業績の推移を掲載するなど、人懐っこい笑顔の裏に、厳格な経営者としての顔を持つ半澤さん。損保からスタートした代理店の多くが生保の売上アップに苦戦する中、いち早く来店型保険ショップを展開。生保・損保をバランスよく提供し、最近では新卒採用も積極的に行う組織を築いたのはその手腕の表れです。

ライフプランが変わりやすい女性こそ、保険の見直しを。

前列左から紺野氏
株式会社ライフサロン
代表取締役　大寄 昭生氏

これからの保険選び

紺野　聡美

Satomi Konno

私が入っている保険

旧AIGスター生命「豪ドル建て年金保険」
旧AIGエジソン生命「年金の夜明け」
メットライフアリコ「終身医療保険」「ガン保険」

プロフィール

株式会社ライフサロン
コンサルティングユニット部長

東京都出身。学校卒業後、ジュエリーや化粧品の販売および営業を経験。ライフサロンの立ち上がりから参加し5年目。店舗でお客さまの相談にのることはもちろん、20代から40代の女性を対象にした貯蓄や人生設計のための「女子会マネーセミナー」の講師も務める。

連絡先

〒101-0061
東京都千代田区三崎町 3-4-10　庄司ビル 6F
tel.03-5212-4755　fax.03-5212-4756
e-mail　skonno@lifesalon-ho.co.jp
URL　http://hoken.lifesalon.jp

ずっと短所だと思っていた「おせっかい」をほめられた面接

保険の仕事に全く縁がなかった私がライフサロンに入社したのは、たまたま「今までと全く違うサービスを提供する」と書かれた、ライフサロンのオープニングスタッフ募集記事が目にとまったからです。

どんなことをするのか興味を引かれ、転職する気もなかったのに面接に行きました。

そこで大寄代表と出会い、「今までと違う」衝撃的な面接を体験したことが私のその後の運命を決めました。というのも、面接というと自己PRの場だと思いがちですが、1時間程度の面接時間で私がしゃべったのはたったの3言。

聞くことが大事な仕事だから人の話を聞く姿を見ていたのだと後で知り、驚きました。

また、自分の短所について聞かれたとき、私は「おせっかい」であることを挙げたのですが、大寄代表は「それは立派なスキルです。今まで誰か評価してくれました?」といってくれたのです。保険を扱ううえでは大切な素養とおっしゃっていただいたので、この人についていったら面白いのではないかと思い、転職を決めました（笑）。

セミナーのお客さまが社員に転身

ライフサロンでは20代から40代の女性に向けた、「女子会マネーセミナー」を開催しています。東京では毎回満員になるほどの人気の秘密は、講師も同じ目線で話す女子会のような雰囲気で、保険を使ってお金を増やす話をメインに行っているから。

ある日、25歳のシングルマザーの女性が、保険に入っていないことを心配した友人に、セミナーへ連れてこられました。最初は渋々という感じでしたが、セミナーが終わる頃には保険のイメージが変わったようで、意識まで前向きになって保険に加入されました。

さらにいろいろ話をしたところ、こうした知識を広めることは女性のためになるいい仕事だと思っていただき、最後にはライフサロンに入社してくれることになったのです。

まったくの未経験者を短期間で〝キャスト〟に育てるシステムが特徴（大寄代表）

保険は人が大事、いいことも悪いことも相談にのり、その方の人生のパートナーになれる存在を目指してほしい。そのために〝キャスト〟と呼ぶスタッフには一からサービスを考えお客さまの声を聞きながらつくり上げていってもらいたいと、あえて業界未経験者の中から質の高いサービスを提供できる人に来てもらっています。

経営コンサルタント時代に保険会社や保険代理店への教育指導を行っていたため、一番の得意分野が人材育成。

経験を活かした教育ノウハウがライフサロンの最大の武器です。ウェブを使い全国規模で同レベルの標準化された教育を受けてもらうことができるので、全くの未経験者を短期間で育てることが可能なのです。

明日、目の前にいるお客さまに会えなくなっても後悔しない接客をする

私自身も離婚や入院、手術を体験し、保険の重要性は身にしみているのでこれからもずっと、自分の体験を踏まえた保険のよさや大切さを地道に伝えたいと思っています。

ライフサロンのポリシーでもある「明日、目の前にいるお客さまに会えなくなっても後悔しない接客をする」を常に意識し、本当にお客さまのためになる情報をしっかり提供できるよう自分も勉強を続けます。

また今後は、全国に広がっているライフサロン加盟店のキャストも講師ができる体制を整えて、セミナーもより広く展開していきたいですね。

著者の目線／

ご自身は「おせっかい」とおっしゃる人を放っておけない性質と、ゆったりと落ち着いたお話のテンポは、女性がお金や保険のこと、さらには人生のことを相談する相手としては打ってつけ。ライフサロンは紺野さんのような女性キャストが揃っているので、女性がプライバシーにかかわる相談をするにも安心できるのが魅力です。

生命保険は毎月の生活費をベースに考える。

これからの保険選び

荒井　守

Mamoru Arai

私が入っている保険　ソニー生命「変額保険（終身型）」「リビング・ベネフィット（生前給付保険）」「家族収入保険」「終身医療保険」「定期医療保険」

プロフィール
株式会社ライフプラザパートナーズ
横浜FA営業部
ファイナンシャルアドバイザー
2級ファイナンシャル・プランニング技能士

神奈川県横浜市出身。大学卒業後、自動車部品メーカーに就職。ヘッドハンティングをきっかけに保険業界に転身する。温厚でシャイな外見とは裏腹に、休みの日には自分のヨット（ディンギー）でレースも楽しむ行動派。内面に秘めた責任感と闘志で業界全体を改善していこうと日々奔走している。

連絡先
〒220-0004
神奈川県横浜市西区北幸1-11-15　横浜 ST ビル16F 1607号
tel.045-328-4380　fax.045-328-4390
e-mail　mam.arai@lifeplaza.co.jp
URL　http://www.lp-partners.co.jp

人生1回きりだから何もしないよりはチャレンジしたかった

1984年に自動車部品メーカーに入社、10年間営業担当でした。入社した翌年、対日貿易赤字を是正するためのプラザ合意が行われ急速な円高に。当時日本はバブルの直前。でも私たちは自動車メーカーとの原価低減交渉に追われバブルの実感はなく、このままでいいのかという気持ちが湧いていました。

同じ頃保険業界では外資系の会社による日本の従来の生保レディを使った売り方を変えようという試みが盛んに行われており、男子専業の大卒営業マンをつくろうとしていた1社から誘いの電話をもらったのを機に、真剣に転職を考え始めたのです。

とはいえ保険は未知の業界、生保レディの印象もあったので最初は私には無理だと思いました。でもよく話を聞いてみるとコンセプトが従来とは異なり、義理人情で売るというより論理的に説明して理解して入ってもらうスタイル。これなら自分にもできるかもしれないと思ったのです。

そして33歳のとき、人生1回きりだしチャレンジしよう、もし結果がダメだったとしてもやらずに後悔するより行動したうえでのことなら納得できるだろうと思いきって飛び込んだのです。

ライフスタイルを改善するドクターとしてカルテを作成

私はそもそもシャイなので初めて会う人にいろいろ話しかけたり質問したりしないタイプ。無理やり話題を見つけようとしたり、相手を「お客さま」として見てしまうとお互い身構えてしまうので、自然体を心がけています。

ただし、相談にのっている以上は適切なコンサルティングのために必要な質問はしなければなりません。プライバシーにかかわることもうかがわなければならない。ですから個人の興味で聞いているのではない、今の状態をよりよくするために必要な情報を教えてほしいと思っているのだということをわかっていただくため、ツールとしてカルテをつくっています。

当然ですが、最終的な決断はお客さまに委ねます。もちろん判断するために必要な情報や尺度、選択肢は十分にご提供したうえで、ご自身で決めていただくのです。保険の仕組みや専門用語を理解してもらい、なぜこうした保険が必要なのかも説明して、その後でご希望とすり合わせをします。

自分の両親が保険営業マンとトラブルに

お客さまからときどき営業マンとのトラブルの話を聞きますが、実は私の両親も同じようないざこざを体験しています。契約内容そのものよりも営業担当者の対応が悪く残念な結果になってしまったことがあるのです。

当時、高い保険料を払い続けるのが難しくなった両親は、保険を見直したいと申し出たのですが、担当者に引きとめられました。それでも解約しようと手続きをしたら、その人が書類を自分のところで止めてしまい、その間に保険会社が破たんしたのです。

自分も子どもの頃から知っているご近所の顔見知りだったのに、金銭的なダメージよりもいざというときに「自分はそんなことはしていない」などといい張る態度に家族全員でがっかりしたことが忘れられません。

ですから余計に自分は、きちっとしたプロフェッショナルなサービスを提供しようと肝に銘じています。融通がきかないと思われるかもしれませんが、決まりを守らないとお客さまを守れないのです。まずは私自身から、そして業界全体として信頼されるように改善していきたいですね。そして定年がないこの仕事、お客さまの命にかかわる仕事だからこそ最後まで担当できるよう、当たり前のことを徹底して行い、できる限り続けていくつもりです。

著者の目線／

いつも自然体で淡々とされている荒井さんですが、相手のことを第一に考えるという当たり前のことをやり続けるためには、自分に厳しく己を成長させようという気持ちが強くなければならないはず。マンネリを避けてあえて変化を求める姿勢に学ぶことも多くあります。

保険は「お金」だと思って選ぶ。

これからの保険選び

髙津　嘉邦

Yoshikuni Takatsu

私が入っている保険	メットライフアリコ「ドル建 IS 終身保険」10年払済 「生存還付給付金付終身医療保険 リターンズ」
プロフィール	株式会社 ETERNAL 代表取締役 広島県出身。大学卒業後、生保会社に入社。皆が当然と思っている仕事の内容に疑問を抱き自分のやり方を貫く。体調を崩して退職、独立後も世の中の「当たり前」を疑ってかかる姿勢、正義感あふれる言動とカリスマ的魅力で社員を引っぱる熱血漢。お客さまのためを思うからこそ、保険に1円でも無駄にしないでほしいと願い活動する。
連絡先	〒651-0084 兵庫県神戸市中央区磯辺通 3-2-17　ワールド三宮ビル 9F tel.078-241-4201　fax.078-241-4211 e-mail　info@e-fca.jp URL　http://e-fca.jp

無駄だと思われることをひたすらできるのはお前だけ

大学を卒業して入った生保会社で「私たちの仕事は代理店を育成すること」といわれそこに強い違和感を覚えました。なぜなら、まだ社会経験もない23歳の若者が何を教えるのだろうと思ったから。じゃあ今の自分にできることは何だろうと考え、人として何かできることをやろうという結論に達したのです。

そしてひたすら代理店さんに会いに行き、事務手続きなどを代わりにやったり、相談されれば調べてこういう方法がありましたと伝えたりすることを実行していました。同僚たちは仕組みをつくってメールなどでまわし、自分の席を離れずに売り上げをあげる日々。彼らから見たら私は非効率なことをしていると思われたでしょう。

それでも後に会社を辞め、代理店を通して知り合ったお客さま何人かに出資してもらい来店型ショップを始めた頃会ったかつての上司と同僚が、

「お前を尊敬する、こんなに無駄だと思われることを無駄だと思わずにできるのはお前だけ」

といってくれたので、自分がやってきたことは決して無意味ではなかったのだと、後から強く感じたのです。

お客さまが集まってくれる店をつくりたかった

会社を辞めようと思ったきっかけは3年目に入ったとき無理がたたって体調を大きく崩したこと。このまま働いていくのは厳しいと思いながら点滴を打っての出勤を続けていたら駅で倒れてしまったのです。そこで最終的に辞めることを決意しました。

半年くらい代理店に勤務した後、独立。最初からお客さまと契約して長くお金を納めていただくなら、「ここでやっています」と堂々とお店を構えるべきだと思っていたので、フランチャイズから始め、吸収、買収を繰り返して当社独自のショップ展開に。

当社の大きな特徴はショッピングセンターのみにしか出店していないことでしょう。

生活圏内のなかでお客さまが集まってくれるお店をつくりたかったからです。

そして壁やパーティションのないオープンなスタイルで、気軽にふらっと立ち寄れるようにしています。

家計簿には「保険」でなくて「お金」の欄をつくろう

人生の三大リスクは、死亡、入院、老後ともいわれ、保険に入ることを検討するとき、死んだ後にいくら残すか、そして病気や入院した場合にいくら必要かを想定することが通常のルーティンとなります。けれど、人は誰でも平等に年を重ねますし、誰にでも老後はやってきます。年をとって生き続けることが当たり前の時代になってきているからこそ、老後のことを最優先で考えて保険を選ぶようにすべきだと思っています。

また、長生きする時代だからこそ、保険以外のお金との付き合い方を幅広く学び、人々がお金で苦労することがないよう働きかけていきたいと思っています。

保険以外の知識もお客さまに伝えられるような会社をつくりたい、そう思って経済、為替の勉強会も会社で行っています。

そもそも家計簿に「保険」という欄があるのが間違っていると私は思っています。

保険の予算を確保して家計をやりくりするのではなく、あくまでも毎月汗水流して稼いだ大切なお金の一部として考えて役立ててほしいのです。

そして、買ってくださるお客さまにも、情報が正しいかどうか判断する目を持つための知識を集めてほしいと思います。月々1万円でも住宅ローンを組むとなったらいろいろ調べ、自分の目で最後まで確認して判断するでしょう。

保険にも同様に厳しく、保険のために1円でも無駄にしないよう、厳選していただくお手伝いをしていきたいと思います。

著者の目線／

保険会社に勤務した経験を活かしながら、業界の枠にとらわれることなく、ダイナミックな発想で保険ショップの展開を進める高津さんは、若者を惹きつけるカリスマ的魅力を持った経営者です。保険を情緒的なものではなく、あくまで「お金」の一部だといい切る合理性が、今の若い世代に支持されるのでしょう。

保険は「すすめられて」ではなく、「自分で選んで」入る時代。

左から良元氏、
株式会社SBHビッグベル
常務取締役　田中 好夫氏

良元　輝

Teru Yoshimoto

私が入っている保険　メットライフアリコ「生存還付給付金付終身医療保険　リターンズ」

プロフィール

株式会社SBHビッグベル
代表取締役

東京都出身。自動車ディーラーに7年間勤務し、その後、損害保険会社の研修生に。5年で独立した後、損保代理店が生保も積極的に取り扱うスタイルを先駆けて推進。東京都足立区を拠点に20数年、目下自社のノウハウを活かし、東京や千葉周辺に提携代理店を増やすほか、代理店の開業支援にも乗り出す。2012年度は、代表、常務揃ってMDRTに入会。

連絡先

〒123-0851
東京都足立区梅田 1-7-6
tel.03-3880-3744　fax.03-3880-4782
e-mail　teru@s-b-h.co.jp
URL　http//s-b-h.co.jp

お客さまにも同業者にも喜ばれるコラボレーション

私が独立した頃の損保代理店は、24時間365日対応しますと名刺に書くのが当たり前。自分一人で開業しているときは、お客さまが増えれば増えるほど忙しくなり、週2回は徹夜しないと終わらないほどでした。

損害保険と同時に生命保険も手がけていたので、さすがに手が回らなくなり事務の女性を採用しました。そしてその頃から損保のお客さまに生保の案内を出して訪問するというスタイルが始まったのです。

現在は、損害保険のお客さまはたくさんお持ちなのに生命保険には苦手意識があっておすすめできていない代理店とのコラボレーションを進めています。

お客さまにとっても損保と生保の窓口を一本化でき、もちろん代理店の私たちにとってもマーケットを有効に活用できるので、みんなに喜んでもらえるやり方だと思います。

とはいえ、お互いが一国一城の主である代理店が一緒に仕事をすることは難しいもの。相性が合わなかったり、どちらかに欲が出るなどして仲たがいすることも少なくありません。それでも私がお客さまや代理店の立場を考えながら調整できるのは、男8人兄弟の末っ子で、生まれながらにして調整役だったこともあるのでしょう（笑）。

営業力で売れる人はわずかしかいない

基本的に一人の担当者にできることには限りがあり、自分だけの営業力で売れる人は実はあまりいないというのが私の持論です。

これまでの保険の営業といえば、飛び抜けた才能がある人だけが売り上げを伸ばし、組織はその人に頼り切ってしまうことが多かったように思います。

私は保険の仕事を誰でもできるようにして、お客さまのためにも社員のためにも会社を永続させるためにはどうしたらいいかを常に考えています。

保険のプロは口下手くらいがよい（田中常務）

会社に永続性を持たせる一環として、保険会社に代わって代理店を開拓し、育成する仕事もしています。こうした仕組みをつくり上げ、10年後には良元社長とともに引退するのが目標です。

代理店開拓というのは野球でいうとスカウトマンのような役割なのですが、どんな人が将来、多くのお客さまの支持を得られるか、見分けるコツがあります。

それは相手を説得しようとするのではなく、むしろ相手の思っていることを引き出すような話し方ができること。こういう人はお客さまに好かれます。

一見、話の上手い人が保険の仕事に向いているように思えますが、むしろ口下手くらいのほうがこの世界で大成するのは、良元社長を見ればおわかりいただけるかと思います。

保険は「すすめられて入る」から「自分で選んで入る」時代へ

世の中で不景気が叫ばれて久しく、保険業界の先行きも暗いという人もいますが、保険を必要としている人や加入中の保険に疑問を持っている人は大勢います。

保険は誰かにすすめられて入る時代からお客さま自身が選ぶ時代になっただけのことです。

通販やインターネット、来店型保険ショップなど、さまざまなところで保険に入れる便利な世の中になればこそ、私たちを必要としているお客さまはいる。そう考えて、ビッグベル流の組織化を着実に行っていきたいと思います。

著者の目線

かっこよさと思慮深さとを兼ね備えたナイスミドルという印象の良元さんの美点は相手との距離感。お客さまにせよ、提携代理店にせよ、ほどよい距離感を保つことで、よい関係が長く継続しています。また、決して楽ではないこの時代に、着実に会社の業績や規模を成長させられるのは、田中常務との二人三脚があればこそではないでしょうか。

個人賠償責任保険は、
「お守り」より安い家族のお守り。

菅生　正

Tadashi Sugo

私が入っている保険	富士火災海上「みんなの健保2」 富士生命「収入保障保険」「終身保険」「がんベスト・ゴールド」
プロフィール	株式会社インシュアランスブレーン 代表取締役 京都府出身。日用品卸商社、教育教材の営業を経て36歳のときに損保会社の研修生に。7年後に代理店として独立。「保険であなたに愛と感動を!」を合言葉に地域密着型の営業を展開、保険の話は小中学生でも理解できることを念頭にした説明を心がけ、お客さまの支持を集める。
連絡先	〒525-0059 滋賀県草津市野路 1-12-11　アメニティ南草津 IV 1F tel.077-567-0105　fax.077-567-0106 フリーダイヤル:0120-522-245 e-mail　sugo@hoken-shiga.com URL　http://hoken-shiga.com

近江商人の「三方よし」がモットー

私たちの会社のロゴマークは3人が手をつないでいる様子を表しています。

その由来は近江商人の家訓である「三方よし」。私たちの仕事がお客さま、社会、そして私たち自身のためになっているか、常に問いながら働こうという意味が込められています。

保険の仕事を通じてお客さまから「ありがとう」といっていただき、我々自身も楽しみながら世の中のためになる、100年続く会社が目標です。

ですから私たちにとって会議は息が詰まるようなものではなく、楽しいものです。「いかにお客さまに喜んでいただくか」をテーマに話し合ったり、「会社をつくった想い」をスライドにしてみんなに見てもらったりしてわいわいと楽しみながら、もっとよいサービスが提供できるように努めています。

給与が歩合ではなく固定給であることも、この業界ではまだ珍しいことです。でもよい人材に長く働いてもらいたいならそうすべきでしょう。

このように長期的な視野で人材を育て、若い人が働きたいと思う会社をつくらなければ、いつまでも保険を魅力ある仕事にはできないからです。

「お守りより安い家族のお守り」が保険

お客さまは「保険金」というと、大きな事故を起こしたり誰かが亡くなったりしたときに受け取るものだと思いがちです。

でも、例えば「個人賠償責任保険」では、子どもがデパートの高級食器を壊したり、飼い犬が人をかんだり、自転車を車にぶつけたりなど、日常のトラブルが補償されます。

こうした損害賠償をカバーしてくれる保険の掛金は年間で数千円。

神社でお守りを買って祈禱してもらえば何千円もかかるのですから、「お守りより安い家族のお守り」だとお客さまにはお話ししています。

また誰かに何かしてしまった場合だけでなく、自分が転んでケガをした場合もお金が出る保険もあります。とにかく、些細なことでも何かあったら気軽に電話して聞いてみてください。私たちは一番身近な保険のホームドクターでありたいのです。

保険金をもらうそのときに頼れる「人」がいますか？

今回の東日本大震災後、東北の主だった被災地を訪ねてきました。そこで見たのは、お客さまが亡くなられたり避難所に行かれたりして、その行方がわからない混乱した状況の中、被害にあわれた方に保険金を支払うため自らも被災しながらお客さまを探し回っていた同業の人々。その姿に胸を打たれました。

阪神淡路大震災のときは払われるべき保険金が、受取人不明で払えないケースがかなりあったといわれています。保険会社はお客さまからの請求がなければ払えないのです。

でも今回は、地域の保険代理店の人たちがお客さまの親戚縁者を回りながら、着実に保険金をお届けしていったと聞き、地域に根差す私たちの役割を再認識しました。

今の時代、保険はインターネットや通信販売など、人手を介さずともいろいろな方法で入ることができます。けれども保険金をもらうそのときに、頼れる「人」がいることで保険の価値が大きく変わってくることがあるのです。

そういう意味では私たちが活躍する場面はないに越したことはありません。それでも地元の消防団のように、保険代理店というものが頼りにされ、子どもたちの「将来就きたい仕事」として「保険代理店」を選んでもらえたら最高ですね。

著者の目線／

自分の会社のことを楽しそうに生き生きと話す菅生さんは、まさに近江商人そのもの。お客さまのことを考え抜く社員が育てば、結果的に「安心感の輪」が広がって、会社の成長にもつながるという好循環が感じられます。そして、周りの人みんなを幸せにしてくれそうな笑顔が何ものにも代えがたい安心感を振りまいています。

保険は「入るとき」より、
「もらうとき」のことを考えて選ぶ。

これからの保険選び

山本　俊成

Toshinari Yamamoto

私が入っている保険	東京海上日動あんしん生命「個人年金保険」 アフラック「三大疾病保障プラン」
プロフィール	株式会社ファイナンシャル・マネジメント 代表取締役 広島県生まれの東京育ち。父親も銀行マンという家庭に育ち、慶應義塾大学経済学部を卒業後に都市銀行へ。中立の立場でお金のアドバイスをしたいと考え、保険会社を経て独立。コンサルティングとセールスを切り離した独自のスタンスと保険約款を読み込み学んだ深い知識、幅広い資産運用術が支持される。メディアへの出稿も多数。
連絡先	〒104-0061 東京都中央区銀座 6-13-7　新保ビル 4F tel.03-3546-2581　fax.050-3737-2996 e-mail　yamamoto@financial-m.jp URL　http://financial-m.jp

症状を聞いて処方箋を書くドクターと同じ

お金に関するご相談にあくまでも中立の立場で応えるのが私のスタイルです。

ファイナンシャル・プランナーとしてお客さまが抱える心配ごとや課題をうかがい、その解決策として保険がよいとなれば保険を取り扱うパートナーをご紹介し、それ以外の場合でも信頼できるその道のプロをお取り次ぎしています。

たとえるなら、解決策という処方箋を書くドクターのような存在でしょうか。相談に来られた人の症状を問診し、その症状を改善するための手段を提示するまでが役割です。

実は私は営業が決して得意なほうではありません。

熱心にお客さまのもとへ通い詰める熱血営業マンが評価されることもあるでしょう。でも私はこのやり方を好んでいただけるお客さまの役に立てればいいのです。

私からすれば、これまでの保険営業は、医者が道を歩く人に声をかけ「あなたは病気に違いないから診てあげましょう」といって自分の病院へ連れていくようなものでした。

医者が患者に営業することがないように、ファイナンシャル・プランナーはあくまでも依頼人からの相談があって初めて応対するくらいでいいと私は思っています。

お金のドクターである以上、最新の知識を持って間違いのない診断を下すことが求められるのは当然です。そこで私は新商品の約款は必ず全文を読み込み、従来商品との比較をするほか、仲間うちで勉強会を行い情報交換することで知識の研鑽に努めています。

またお客さまに提案する運用方法はすべて自分自身も試します。「あなたが損をするときは私も損をします」となれば、提案にも説得力が出てくるというものです。

そうした経験を踏まえ、マネー誌への出稿や監修のお仕事なども数多く担当しています。

不測の事態に生じる問題を事前に想起するのが本当のプロ

大学を卒業して都市銀行で働いていたときは、お客さまの側に立ってご提案することはできませんでした。銀行の都合が優先する現実に、本当の意味でお客さま志向のコンサルティングをしたいと奮起し、7年半で銀行を退職。保険会社勤務を経て独立を果たしました。

保険は究極の「納入予定商品」だと思います。加入した時点では手元には何もありませんが、不測の事態が起きて初めて、その価値を発揮するのです。

保険も今では通販やインターネットで簡単に入れる時代になりましたが、不測の事態が起きたときにご自身で対応できるならばそれもいいでしょう。

でもそのときに、知識や経験がないことで保険を十分に活用できないと思うのであれば、多少月々の掛金が通販やネットより高いとしても、その道のプロから加入すべきです。

そして本当の保険のプロは事後対応だけでなく、不測の事態で生じる問題を事前に想定し、予防策から提案します。相談する価値はあるのではないでしょうか。

お金を知ることが人を豊かにする

5歳からロサンゼルスで5年間暮らしたことも今の仕事の原体験の一つです。

アメリカの小学校では1978年のときに株とパソコンの授業があり、将来幸福に暮らしていくためには両方とも必ず知っておくべきだと教わりました。

お金を知ることが人を豊かにする。それは日本人も全く変わらないと思うのです。

これからはファイナンシャル・プランナーという枠にとらわれず、お金やライフスタイルに関するあらゆる助言ができるようになりたいと思っています。

知識を深めるのはもちろんですが、お客さまをサポートする今までにないスタイルを見つけ出し、人生の伴走者としての付加価値を高めていければいいですね。

著者の目線

お客さまの抱える心配ごとや将来の希望に対し、中立な立場で解決策を導き出し、保険の加入や金融商品の購入はそれぞれの分野のプロに取り次ぐという山本さんは、いわばお金と人生のプロデューサー。日本ではまだ珍しいこのスタイルを可能にしているのは、金融全般に対する正確な知識と金融業界を渡り歩いてきた経験の賜物にほかなりません。

リスクマネジメントは、
現場での想像力が必要。

大藪　邦嗣

Kunitsugu Oyabu

私が入っている保険	メットライフアリコ「終身保険」 オリックス生命「医療保険キュア」 富士生命「がんベスト・ゴールド」 富士火災海上「みんなの健保」
プロフィール	株式会社大藪保険コンサルタント／ 有限会社やぶライフプランニング 代表取締役 日本代協認定保険代理士 社団法人日本損害保険代理業協会常任理事 岩手県釜石市出身。獨協大学卒業後、プロバンドのマネージャーとして活躍、バンド解散を機に20代後半で保険業界に入る。普段の生活や日常業務に潜むリスクを独自の視点で見極めるリスクマネジメントは、これまで多くの人や企業を救済。荻窪の地に創業して三十数年、街を歩けばすぐに声がかかるような、地域に密着した営業スタイルも特徴。
連絡先	〒167-0032 東京都杉並区天沼 3-2-6　トヨタマビル 2F tel.0120-082-313　fax.03-3392-6793 URL　http://www.yabuyabu.com/

保険金は皆さまからお預かりしている義援金

東日本大震災というかつてない大災害を経験した2011年は、保険の意味と自分たちの役割を改めて考えさせられる1年になりました。

私の故郷である釜石も甚大な被害にあいましたが、その後多くの友人やお客さまから「ありがとう」という感謝の言葉をいただくたびに、この仕事を続けていてよかったと思う一方、もっとお客さまを万全に守り抜かなければならないという使命感も湧いてきます。

保険とは未来への光。万一のときにお支払いする保険金は皆さまからお預かりしている「義援金」であり、困っている人に将来に向けて有効に活用していただくためのものなのです。

私たちが提供するリスクマネジメントはアメリカでの世界恐慌の際に、最小の費用でリスクをカバーする手段として生まれたものです。そんな志を持った「保険のプロ」を業界内にもっと増やすために、保険代理店としての信条や行動規範を定めたクレドを作りました。

現場主義と事故対応力が私たち保険のプロの使命

私は毎年アメリカの研修に参加していますが、日本と違うのは机上ではなく、あくまで現場を知り、そのうえで想定されるリスクマネジメントが徹底されていることです。そしてリスクが具現化した際の事故対応力の違いが、お客さまの真の代理人であるか否かの、大きな差となってくるのです。

例えば、コンサート会場でライトが落ちたらどうするか、あるいはウエイトレスがコーヒーをこぼしたらそれは誰が弁償するのか、スナックの看板が酔っ払いに壊された補償はどうするのかなど、リスクへの目利きは現場でなければできません。

私は常日頃から、地元の杉並区界隈で運送会社のトラックに同乗したり、建築現場を訪問したりして、想定されるあらゆるリスクに頭を巡らせ、費用対効果から優先順位をつけて提案することを心がけています。

杉並区を中心にこのような活動を続けるうちに、地域や中小企業、従業員の方から保険や事故に関するご相談がたくさん寄せられるようになり、三十数年が経ちました。

お客さま視点で考える相談の窓口と事故のスペシャリスト

私たちは損保からスタートした代理店ですが、今では生保のほうが取扱量は多くなっています。損保の事故対応などでご満足いただいたお客さまがご来店されて、生保の相談を持ち込まれるケースが増えてきた結果です。

また保険の提案はもちろんですが、お客さまに情報を提供することも保険代理店の使命だと考え、執筆や編集を自分たちで行う「やぶやぶニュース」という情報誌の配布や、介助犬紹介などの無料セミナーを定期的に開催しています。

お客さまには万一に備える知識や保険を選ぶポイントを知っておいていただくとともに加入の際の比較だけでなく保険の効果や、代理店の価値や役割を判断していただきたいのです。

私は今回の震災後、何度となく被災地を訪れ、改めて事故対応力と現場主義の必要性を痛感しました。また業界内でも保険の存在意義が改めて議論され、これまでの「セールスありき」から「お客さま視点」への改革が提起されようとしています。

そんな中、私たちプロの保険代理店はお客さまに正しい情報を届け続け、より中立的な立場で親身になって相談にのれる存在でありたい、そう思っています。

著者の目線／

大藪さんはその経験や実績、ネットワークをもって、自分自身のことよりも保険業界全体を憂い、あるべき方向に導こうとされるオピニオンリーダー的存在。芸能界出身という異例の経歴から大物アーチストの全国ツアーにかかわる保険の手当ても任されているそうです。文化、歴史を好み、「江戸文化歴史検定」で2級の資格を持つ一面も。

奥さまが入院したときのほうが、
むしろ大変。

これからの保険選び

矢口　千恵

Chie Yaguchi

私が入っている保険	三井住友海上あいおい生命「収入保障保険」 メットライフアリコ「終身医療保険」「IS終身保険」 富士生命「がんベスト・ゴールド」
プロフィール	茨城エージェントオフィス株式会社 代表取締役 茨城県出身。物心ついた頃から両親が営む保険代理店の手伝いをするような環境により、自然な流れで保険業界に。叩き上げで事業を拡大していった今は亡き父の背中を追いながら、女性ならではの感性と若手代理店主のバイタリティーを強みに、来店型保険ショップのオープンなど、新しい風を吹き込んでいる。
連絡先	〒300-0051 茨城県土浦市真鍋 6-2-1 ■損害保険部 tel.029-827-2680　fax.029-827-2681 ■生命保険部（保険クリニック土浦店） tel.029-886-4770　fax.029-886-4771

保険の仕事は私の一部

父親が保険業界に入ったのが昭和50年。長女ということで、ずっと後継ぎと見なされ仕事の話もよく聞いていました。電話の出方や応対も中学生くらいから教わっており、高校生になる頃には両親がいないときは電話番をしていました。

夜も休日もなく仕事をする両親を間近で見てずっと手伝っていたので、保険の仕事はもはや私の一部になっています。

お客さまも長い方ですと父の代から30年以上もお世話になっていますし、親戚縁者まで家族ぐるみのお付き合いをさせていただいている方も多いので、こうしたお客さまにいつでも気軽に立ち寄っていただけるよう、今年から来店型保険ショップを始めました。

実は元々事務所だった建物を、震災で外壁が崩れたりしたこともあり大々的に改装したのです。

ショップというのは、お客さまにわざわざ足を運んでいただくところですから、居心地のよい空間をつくることに力を注ぎました。自分も働きながら子育てをしていた経験から、少しでもその負担を軽くできるよう、ベビーベッドやキッズスペースを完備。

今後はトイレに、おむつ交換ができるスペースもつくりたいと考えています。

保険は人の役に立てる仕事で、いかにお客さまに喜んでいただけるかを考えています。

事故の通報があり着替える暇もなくスーツにパンプス姿で、ダンプカーの玉突き事故現場に急行したこともあります。

震災時には、数日後に鑑定士さんとお客さまのもとを訪問し「こんなに早く来てくれる会社はなかった」と感謝していただけました。

「じゃあ、その保険はどこで入れます？」

保険というと「押し売りされる」と考える人も多いようですが、私は自分が強引に売り込まれるのが嫌いなタイプなので、まずはお客さまのお話を聞くことを心がけ、相談にのる姿勢を崩さないようにしています。

相談が終わった後で、お客さまから「じゃあ、その保険はどこで入れますか？」といわれたことは一度や二度ではありません。笑い話のようですが、もちろんそのときには「私がお手続きします」と申し上げます（笑）。

お話の内容が専門的なので、何をされている方なのかうかがってみると、保険のセールスの方だったことも。確かに専門家が相談できるところは少ないのかもしれません。

何はともあれ、私たちのショップを相談しやすくくつろげる場所だと思っていただけたのであれば、描いていた雰囲気づくりは成功したのかもしれません。

お客さまは担当者個人ではなく、会社全体でお守りするべき

父親と代表を交代して6年。この業界はベテランの方が多く、自分はまだまだだと思うこともしばしばあります。もっと知識をつけて、もっとお客さまによいサービスを提供したいと常に模索している状態です。

また、質の高いサービスを提供し続けるためには、スタッフの環境づくりも大切。

この仕事は夜間や週末にも対応しなければならないことも多いので、メリハリのあるシフトを組み、各自がしっかり休暇も取れる体制にしていきたい。お客さまは担当者個人ではなく、会社全体でお守りするべきだと思うのです。

代理店の高齢化が指摘される損保業界ですが、今回の震災でもベテランの経験やネットワークが多くのお客さまを守ることにつながりました。ベテランと若手がしっかり連携し、損害保険と生命保険の両方に精通することにより、抜けや漏れのない補償をお届けし続けたいですね。

著者の目線

初対面の方でも、ご家族の病気の話を聞いているうちに一緒に泣いてしまうこともあるという矢口さん。決して出しゃばることなく、話をうかがう姿勢が徹底しています。保険は自分の一部というほどの経験がありながら、常に学ぶ姿勢を忘れずに謙虚であり続ける点が、ベテランや若手を問わず人を惹きつけている理由だと思います。

若いうちにこそ、「自分年金」づくりをスタートさせる。

小林　雅人

Masahito Kobayashi

私が入っている保険	ソニー生命「変額保険（終身型）」「リビング・ベネフィット（生前給付保険）」 NKSJひまわり生命「健康のお守り（終身医療保険）」
	株式会社ワイズインフィニティ　取締役 ファイナンシャル・プランニング技能士二級 ファイナンシャル・プランナー（AFP）
プロフィール	神奈川県出身。日用品、住宅建材のメーカーを経て保険業界に転身。親戚縁者を勧誘して、売り先がなくなれば辞めていく業界のやり方に疑問を抱き、自分は知り合いに保険の営業をしないことを決意。長い低迷期に苦しむも、結果的にお客さまから信頼を得られるようになった今、自分のやり方を後進に伝えたいと意気込む。
連絡先	〒106-0031 東京都港区西麻布 1-1-5　オリエンタルビル 6F tel.03-6411-0379　fax.03-6804-1520 e-mail　koba@lifemeister.com

断りやすい保険屋さんで構わない

周りの人に「小林さんなら保険を契約しなくても相談にのってくれそう」とよくいわれます。一般的に「保険屋さん」に相談したら最後、契約するまで逃げられなくなりそうなのに対し、私だったら断りやすいのだとか。

例えば初対面の人に対し、「保険のことだったら私に聞いてください」とはいいますが、その後でこちらから追いかけるように連絡をすることはありません。

携帯電話を買おうとするとき、どの機種がいいか、一番詳しそうな人や聞きやすい人にたずねるでしょう。保険もそれと同じでいいと思っています。

保険が必要だとお客さまから連絡をいただいても、35歳以下の人には保険の前にまず公的年金に入ることをすすめます。社会保険の制度をはじめに説明し、足りないものを補えるよう、保険で手当てするのが私の営業スタイルなのです。

正直、公的年金は実入りはなく予算は減るのですが、お客さまに感謝され、ご紹介につながるほうがよいと考え実践しています。

「まだ保険やってるの？」と聞かれるようになってから上り坂に

気が小さいのにプライドが高く、いわゆる「保険屋」にはなりたくないという心の葛藤もあって、保険業界に入ってからはずいぶん長い間苦労しました。

日用品、住宅建材のメーカーに勤めていたときには、それなりの成績を残していたので、もっとやれる自信があったのでしょう。仕事は安定していたけれど、何かにチャレンジしたいという気持ちが抑えられず可能性を探っていました。

30歳を過ぎて先の人生を考えたとき、死ぬ間際になって平凡でつまらない人生だったと後悔したくないと考え、保険業界に転職しました。

そうしたら、友人には「魂を売った」などといわれ、親からは保険の営業だけはやめてくれと泣いて止められる始末。

そんな負い目もあって、保険営業の鉄則とされていた友達や親族へのセールスは一切しない覚悟でしたから、入社してからはずっと泣かず飛ばずの成績でした。

家族のために収入をアップさせたいというそもそものモチベーションも、6年間も結果が出なければ地に落ちたも同然。

いつクビになるかわからない状況の中、このまま辞めたら自分から保険に入ってくれたお客さまのフォローができなくなるという申し訳なさだけで仕事を続けていた気がします。

そんなある日、親友から相談があるといわれて会いに行くと、保険に入りたいというのです。いつまで続くものかと思いながら、ずっと見守ってくれていて、それでも保険の仕事を続けている私を信用してくれたのでしょう。思わず涙がこぼれました。

不思議なのですがこれを境に「まだ保険やってる？」と声をかけてもらうことが急に増えたのです。いつまで私が続くのか、周りの人は静観していたんですね。

ほどなくその頃解禁となった複数の保険会社が取り扱える乗り合い代理店を始めたのです。

同じ考えを持つ若者を育てたい

代理店になってからは、1社に限らず、いいものの中から選んでさし上げられるのでストレスがなくなりました。お客さまが不利なものを買わないようにしたい、そのためにも自分だったらその方に一番いいものを選んでさし上げられると思って毎日ご提案しています。

これからは、こうした考え方ややり方を教えて仲間を増やし、自分のためだけでない売り方をする人を増やしたいと思っています。

この仕事に定年はありません。同じ考えを持つ若い人を育て、業界を変えるのが私のゴールです。

著者の目線／

売りつけるばかりの「保険屋」と思われたくない、という点に私も大いに共感します。それでもまじめに真摯に続けていたからこそ多くのお客さまを惹きつけるのでしょう。

小学、中学、高校、大学とすべての同窓会の幹事を担当しているというエピソードにも、仲間を大切にし、自分のことより相手の幸せを一番に願う気持ちが強く表れているようです。

万一に備える手段は、保険だけではない。

遠藤　義毅

Yoshitake Endoh

私が入っている保険　アフラック「がん保険」
メットライフアリコ「ガン保険」「引受基準緩和型終身医療保険」

プロフィール　株式会社遠藤保険サービス
代表取締役

新潟県出身。大学卒業後、いくつもの仕事を経て最後に辿り着いたのが保険業界。波乱万丈の人生経験から、すべての仕事はお客さまの悩みを解決するためにあると悟る。地域の運送業者を主力に確固たる顧客基盤を持ちながら、アメリカ式の代理店経営やリスクマネジメントを積極的に取り入れ、業容は今も拡大の一途を辿る。

連絡先　〒950-0965
新潟県新潟市中央区新光町 5-1　千歳ビル 6F
tel.025-281-0771　fax.025-281-0770
e-mail　yoshitake_endoh@endoh-hoken.co.jp
URL　http://www.endoh-hoken.co.jp/

お客さまが抱えるお困りごとを解決する

保険業界に入って独立したのがちょうど25年前のことです。最初はとにかくお客さまを何社も回って保険に対する不満やニーズを探りました。そして、お客さまが抱えるお困りごとを解決するにはどうしたらいいかを考え抜きました。

特に私が注力していた運送業界では事故は日常茶飯事。どこの会社でも事故を望むはずはなく、いかに事故を減らすか、課題を抱えていました。

警察が主催する安全運転講習会などもありましたが、すべてのドライバーに受けさせたくても行政はそこまでこまめに協力はしてくれません。

そこで私は、週末に独自の講習会を開くことに。保険のお取引がない会社も進んでお引き受けしたのでとても喜ばれました。

このような講習会は1回だけで成果が出るものではありません。2年で事故を半分にする計画を立てながら、何度も繰り返し開催した結果、信頼関係を築けたのだと思います。

また当時は事故にあった際の車両保険の支払いは時価が当たり前の時代。1000万円で購入した大型車も数年経てば時価は300万円程度になってしまうので、事故にあってしまえば車両保険に入っていても、到底補えなかったのです。

そこで私は保険会社と交渉の末、今でこそ普及している価格協定の特約をつけ、100%補償してもらえるようにしました。

こうして一つずつお客さまの問題を解決していったお陰で、今では70社を超える運送会社と長くお取引をさせていただいています。

三位一体型の代理店経営

保険業界では、前述の事故を少なくしたり、事故の損害を軽減したりする取り組みを「ロスコントロール」といい、起きてしまった事故の処理を「クレームサービス」といいます。

私たちは、これに保険を加えた三つの部門ごとにスペシャリストを配置。適切な保険の提案や保険を使わなくてもすむ仕組みづくりから事故が起きてしまったときの対応までと、リスクの入口から出口まですべてをサポートできる体制を築いています。

10年ほど前、業界では有名なハワイの保険代理店ノグチ&アソシエイツが開催する研修「ノグチアカデミー」に参加した際に見た代理店経営は、まさにこの三位一体型。

私が手探りで築いたやり方は間違っていなかったと確信を持つことができました。

ここ新潟県にこだわって地域のモデル代理店に

もうすぐ新戦力として加わる息子とともに私たちが目指す方向はハッキリと決まっています。

一つは「リスクのことなら遠藤保険に聞け」と、地元でいわれるような地域ナンバーワンのリスクソリューション企業になること。

もう一つは地域密着で信頼性の高いローカル保険代理店のモデルケースとなることです。

ここ新潟県にこだわり、「新潟にこんな代理店があるんだ」と全国からも一目置かれるような企業へと、まだまだ切磋琢磨していくつもりです。

欧米では企業ごとにリスクマネージャーが当たり前のように存在します。しかしながら日本では、リスク管理も保険とひとくくりにされ、総務部や経理部が兼務しているのが実情です。だからこそ、私たちが企業のリスクマネージャーとしての役割を担って、お客さまを支援し続けていきたいと思っています。

著者の目線／

携帯電話は持たない主義といい切る遠藤さん。片時も携帯電話を手放せない保険代理店が多い中、バックオフィスがしっかりと機能し、組織として顧客対応できる仕組みができ上がっている証です。もうすぐ70歳になられるなど微塵も感じさせないパワーで、新しい知識を貪欲に吸収し続ける姿勢は見習いたいところです。

保険はあくまでも、
金融商品の一部。

前田　隆行

Takayuki Maeda

私が入っている保険	セコム損害保険「自由診療保険メディコム」 NKSJ ひまわり生命「家族のお守り（収入保障保険）」 三井住友海上あいおい生命「終身医療保険」
プロフィール	株式会社マル 代表取締役 北海道札幌市出身。空手の無差別級の元北海道チャンピオン。アメリカとロシアに留学経験あり。通信会社、不動産会社を経て外資系生保に入社。独立後はマネーセミナーの人気講師となる。また金融資産5億円をつくり世の中に還元してほしいと「5億円プロデューサー」を標榜し、お金に関する最高水準の知恵と情報を発信中。
連絡先	〒107-0062 東京都港区南青山 1-3-1 パークアクシス青山一丁目タワー602 tel.03-6826-1122　fax.03-3403-3338 e-mail　takayuki-maeda@maru-maru.jp URL　http://www.maru-maru.jp/

極真空手で培った相手の気持ちを察するチカラ

こう見えて、若い頃は空手ひと筋。極真空手では北海道チャンピオンにもなりました。

格闘技の世界には当然のことながら勝ちと負けしかありません。優勝以外はたとえ何回戦まで進んだとしても負けは負けです。そんな厳しい勝負の世界の中で「結果が出なければやらなかったのと同じ」という意識が自然と身につきました。

また空手は相手の次の攻撃を瞬時に読む力も要求される競技です。相手の気持ちを察して次の提案ができるのも、武道で培われたものがあったからかもしれません。

学卒後も数年間は極真会館の指導員を務めていたのですが、あるとき、もっと広く世界と渡り合いたいと思い、ニューヨークへ空手留学することを決めました。

金融の世界に目覚めたニューヨーク時代

留学の目的が空手とはいえ、ニューヨークは世界の金融の中心地。オフショアやタックスヘイブンといった金融用語を日常的に目にするうちに、金融に興味が湧いてきました。

そんなことから、帰国して就いた仕事はＩＴ企業の投資部門。ＩＴバブル全盛期で億単位の投資案件をいくつも担当し、投資先が上場すると売却益の数パーセントをボーナスとして受け取れました。これで完全に金融の面白さにのめり込みました。

そのうちＩＴバブルが弾け、次に仕事をするなら金融関係がいいと思った私は外資系生保の門を叩きました。

生保会社ではお客さまとの出会いの連続に面白さを感じて、ガムシャラにがんばるうちに気がついたら1週間に3件以上の契約を取り続ける3Ｗ50週を達成していました。

2年ほど経った頃、一つの保険会社だけではお客さまのご要望に応えきれないと限界を感じ、複数の保険会社を取り扱う乗り合い代理店として独立。

今の会社の第一歩がスタートしたのです。

お金のことをマルごとアドバイスするマネーコンシェルジュ

生保や損保はもちろん、保険以外の金融商品を含めたお金にまつわることをマルごとアドバイスできる会社を目指して、社名を「マル」としました。私たち「マネーコンシェルジュ」がお客さまから寄せられるお金に関するさまざまなご要望にお応えいたします。

特に海外とのネットワークは、私が滞在していたアメリカはもちろん、イギリス、ドバイ、香港など世界中に広がっています。リアルタイムで入手した世界の金融情報や業界動向をもとに、グローバルな視野でアドバイスできる点が強みです。

また経営者の方からは、私が投資の仕事をしていたため企業会計にも精通しているので、話が早いとご好評いただいています（笑）。

セミナーに参加してお金の感性を磨こう

保険やお金について疑問や興味はあってもなかなか行動に移せない人には、まずは気軽にセミナーへ参加してみることをおすすめします。最近は実にさまざまな無料セミナーをフリーペーパーやネットで見つけることができます。

定期的に継続しているセミナーはお客さまから支持されている証拠ですから、商品を売りつけられるような心配もないと思います。私たちマルでもお金や不動産、健康について「知的美人セミナー」シリーズを開催しています。ぜひお金の感性を磨きに来てください。

著者の目線／

保険から創業しながら、今ではマネーセミナーの主催や企業・経営者のコンサルティング業務をメインに展開するマル社。それを率いる元空手チャンピオンの前田さんは、繊細な感性と強い意志を併せ持った「文武両道」タイプの知将です。海外との太いパイプによるグローバルな情報網もこれからの資産運用には不可欠だといえるでしょう。

適切な保険は、リスク環境と財務力から導く。

左から佐野氏、
株式会社A.I.P　代表取締役　松本 一成氏

佐野　友映

Tomohide Sano

私が入っている保険	ジブラルタ生命「ドルサポート終身」 AIU「スーパー上乗せ健保」 富士火災海上「みんなの健保」 東京海上日動火災「超保険」

プロフィール

株式会社 A.I.P
常務取締役
2級ファイナンシャル・プランニング技能士
RMCA-J®チーフリスクオフィサー
日本リスクマネジャー&コンサルタント協会認定講師

神奈川県出身。新卒で国内損保に入社。勤続9年の後、外資系損保への転職を経て保険代理店として独立。以後、損保業界を変えようとする松本代表に共感し A.I.P に参画。「リスクからお客さまを守る」という絶対の信念のもと、リスクマネジメント手法を軸としたサービス提供に努める。

連絡先

〒105-0001
東京都港区虎ノ門 4-3-20　神谷町 MT ビル 14F
tel.03-5404-3597　fax.03-6365-6874
e-mail　t-sano@arice.co.jp
URL　http://www.arice-aip.co.jp

理念がなければ企業は人の寄せ集めに過ぎない

大学卒業後損保会社に入社、９年勤務するうちに将来が見えてきました。決められた枠組みの中で実力を発揮する人もいますが、私はそうではない、このままではビジネスマンとしての成長はないと思い、ステップアップのため外資系に転職したのです。

折しも保険業界では規制が緩和され、自由化の波が押し寄せていた時期。これからは保険代理店にも経営者が必要になると考え、自分が代理店となって独立することにしたのです。

早速、顧客を持っている代理店を次々と買収してみたものの、いつまで経ってもまとまりがなく、業績もさほど上がらない。６年ほど模索した結果、理念がなければ企業は人の寄せ集めに過ぎず、長続きしないと悟りました。

通い始めたリスクマネジメント講座で当社の代表、松本と出会ったのもその頃。教え方やその内容に好感を持ち、いつの間にか友達付き合いをするようになりました。

盃をくみ交わしながら、保険業界のあるべき姿について5時間以上語り合ったこともあります。ほどなく、お互いの価値観や目指す方向が一緒だということで、会社を合併させて当社の役員となったわけです。

一番よいのは事故が起きずに保険が不要なこと（松本代表）

私は企業にとってよい状態には3段階あると考えます。

1番目によい状態は、事故が起きずに保険が不要な状態。でもこれは少し非現実的ですね。2番目は財務基盤が堅固で事故があっても自社の資力で損失を補てんできる状態。そして3番目が万一のために保険をしっかり掛けている状態です。

全く保険が不要な状態は難しくても事故の減少に取り組み、財務体質を強化して保険を最小限にするようなアドバイスが、本当はお客さまのためなのです。

私は父親から引き継いだ保険代理店を経営しながら、リスクマネジメントの現場を学ぶため、メーカーの総務部長を２年間経験したことがあります。そのときに起きた重大事故を機に、自分のやってきたリスクマネジメントがいかに机上の空論であったか、そして事故を起こさないことがすべてに優先することを痛感しました。

そこで当社では「保険に依存しない経営」としてリスクの全体像を把握するためのコンサルティング、リスクマネージャー養成のための教育・研修、リスクに関する情報配信の３つを柱に総合的なリスクマネジメントを提供しています。

保険はリスク対策の最終手段、事故を起こさない努力がまず必要だからです。

適切な保険はリスク環境と財務力から導く

保険を検討するとき、多くの方々は保険料や保険の内容ばかりを意識しがちなのではないでしょうか？

しかし本来適切な保険とは、それぞれの個人や企業が置かれているリスク環境や財務力によって導き出されるものなのです。万人にとって最適な保険商品は存在しません。お客さまの状況から保険を選ぶのです。

これからはこの日本でも欧米並みか、それ以上にリスクマネジメントの必要性が浸透していくことでしょう。私たちＡ・Ｉ・Ｐはその旗振り役として、保険の重要性を正しく認識し適切な活用を推進するとともに、保険に依存しなくてもよい安心・安全な社会を目指して活動を続けていきます。

著者の目線／

保険のプロ向けにリスクマネジメントの講師を務める松本代表が率いるA・I・P。その右腕として同社が掲げる理念を誰よりも深く理解し、体現しているのが佐野さんです。保険会社勤務で培った確かな知識と独立後に同業者の統率で苦労した経験が、松本代表とともに、これからの保険業界を変えていく原動力となることでしょう。

「保険のプロ」は、一番身近な人生やお金の相談相手。

左から株式会社ホロスプランニング代表取締役　堀井 計氏、藤本氏

これからの保険選び

藤本　真之

Motoyuki Fujimoto

私が入っている保険

オリックス生命「医療保険キュア」
ソニー生命「積立利率変動型終身保険」
「リビング・ベネフィット（生前給付保険）」
旧あいおい生命「積立利率変動型終身保険」
アフラック「がん保険」

プロフィール

株式会社ホロスプランニング
FP事業部　ライフコンサルティング課
ALCP一般社団法人医療コーディネーター協会
認定ライフケア・プラクティショナー
AFP（ファイナンシャル・プランニング技能士2級）
住宅ローンアドバイザー

広島県尾道市出身。大学では機械システムを学ぶも営業希望でアパレル企業へ就職。以後、不動産、生保を経て現職。会社の新たな取り組みとなるライフコンサルティング部門に所属し、保険相談の応対に飛び回る日々。お客さま第一の姿勢が評判となり、感謝エピソードが雑誌記事に掲載される。保険は天職、何でも相談してもらえる人になりたいと意気込む。

連絡先

〒604-8152
京都府京都市中京区烏丸通錦小路上ル手洗水町 659 番地
烏丸中央ビル 4F
tel.075-222-6700　fax.075-222-2070
e-mail　motoyuki_fujimoto@holos.jp
URL　http://www.holos.jp　http://l-club.jp

保険は天職

もともと人と接する仕事がしたくて営業希望。他業界で働いていたとき、生保の採用担当者から保険の仕事はお客さまとのお付き合いが一生続くといわれ心を動かされたのです。意を決して転職したもののほどなくリーマンショックが起き、世界経済の先行きが見えない中、お客さまに保険をおすすめする気になれない時期がありました。

そんなとき、先輩の紹介でホロスプランニングを知ったのです。


保険業界は今変革の真っただ中にあります。その中でフロントランナーとして先行することの会社にいられることは誇りであり、日々刺激を受けています。

今はファイナンシャル・プランナーとしてお客さまと末永くお付き合いができること、そしてお客さまからさまざまなフィードバックをいただけることを喜びとして仕事をしています。

占いでも私に最も向いている職業は保険のセールスかコピーライターといわれるんです(笑)。自分でもこの仕事は天職だと思っています。

「一番身近な第三者」でありたい

今や保険は通信販売やインターネットでも手軽に入れる時代になりました。利便性だけ考えれば、それもいいと思います。

でも私たち保険のプロから保険に入る意味は、万一のときにおわかりいただけるはずです。

先日もこんなことがありました。

旦那さまを亡くされた奥さまから保険金のご請求に際して診断書をいただいたところ、10回受けたはずの手術が2回しか記載されていません。このままでは受け取れる保険金がかなり少なくなってしまうので病院から診断書を取り直す必要がありました。

奥さまにご相談したところ、旦那さまの親族とのあつれきから精神的に参っていらっしゃる様子だったので私が代わって病院との交渉にあたりました。

初めは憔悴し切っていた奥さまも、私が毎月顔を出すうちに、現在の心境やご家族のことをお話しくださるようになり、結果として住宅ローンを止める手続きなど、生活再建のための諸々のお手伝いもさせていただくことができました。

結局半年以上かかりましたが、最後には病院から取り付けた正しい診断書により保険会社から満額の保険金が支払われ、奥さまにも大変喜んでいただいたのです。


こうした経験から思うのはお客さまの「一番身近な第三者」でありたいということ。

自分がガンかもしれないと思った妻が夫に相談するのは半年後、という話を聞いたことがあるのですが、確かに私たち日本人は親や配偶者、友達に深刻な相談をすることをためらう傾向があると思います。

私は、そんな生きていくうえでの悩み、健康上の不安、お金にかかわる問題のすべてを、しがらみなく相談できる一番身近な第三者でありたいと思っています。

保険業界のタレントプロダクション（堀井代表）

お客さまの心中を察しながら形のない商品を提案する、保険のプロとは数ある営業職の中でもひときわ高いスキルが求められる職業です。それにもかかわらず、社会的地位が決して高いとはいえないことを私はずっと残念に思ってきました。

役者揃いの保険のプロたちの存在を広め、トップクラスの営業スキルで社会貢献をしたい。そんな思いから保険業界のタレントプロダクション、ホロスプランニングは生まれました。

私たちのお客さまは、独自の顧客管理システムで契約後もしっかりフォローされるだけでなく、会員組織化され保険以外にもさまざまな生活支援サービスが受けられます。

お客さまも保険のプロも生き生きと人生を送ることができる「場」となる企業でありたいと思っています。

著者の目線／

保険の仕事をする人たちの社会的地位を高めたい。その一念でホロスプランニング社を起業した堀井代表のもと、お客さまの保険相談に奔走する藤本さんは、本人も天職というように、同社の理念を体現する打ってつけの人材だと思います。保険はお支払いするときが肝心と、「一番身近な第三者」であろうとする姿勢はベテラン勢も見習いたいところです。

10年以上前の保険は、
切り替えないほうがよい場合もある。

松﨑　哲郎

Tetsurou Matsuzaki

私が入っている保険

アフラック「医療保険エヴァーハーフ」「21世紀がん保険」
旧あいおい生命「積立利率変動型終身保険」
NKSJ ひまわり生命「家族のお守り(収入保障保険)」

プロフィール

イオン保険サービス株式会社
市場開発本部
ショップ営業部　部長

福岡県出身。大学卒業後、国内大手生保に入社。勤続12年の間にもっとお客さま一人ひとりに合わせた保険提案をしたいと感じ転職。流通大手イオングループとして来店型保険ショップを展開する現職ではお客さまと従業員、自分それぞれにメリットがある「三方よし」を保険で実現したいと意気込む。

連絡先

〒261-0023
千葉県千葉市美浜区中瀬 1-5-1　イオンタワー 20 階
tel.043-351-8708　fax.043-351-8725
e-mail　tetsuro_matsuzaki@aeon.co.jp
URL　http://www.aeonhokenshop.com/

保険で補てんできるものは限られている

「どうやって保険を選んだらいいでしょう」、そう聞かれるお客さまは多いのですが、私はまず「保険でできることには限界があります」とお伝えします。

すべてが保険で補てんできるものではありません。ですから、将来を見すえたライフプランをお客さまと一緒に考えながら、保険と自分がお守りするという思いで仕事をしています。

このように自分の考えをお客さまに話せるようになったのは今の会社に転職してからです。それまで勤めていた大手生保では営業目標ばかりを考え、お客さまのことは後回し。ちょうど巷では通販や来店型ショップなども台頭し始めた頃で、売り手都合の旧態依然としたセールスも疑問でした。

このままでいいのかと漠然と考え始めていたときに出会ったのが弊社ショップでした。

結局、保険ショップの将来性や面白みを感じ、やりがいを求めて転職を決意したのです。

金融のワンストップチャンネルを目指す

当店の特徴は何といってもイオンという商業施設に入っていること。ショッピングとあわせて気軽に立ち寄っていただけるよう、親しみやすいイメージづくりに力を入れています。

また、お客さまの利便性を考え、保険ショップのほかに銀行やクレジット業務もひとまとめにした「金融のワンストップ化」を進めている点も大きな特徴です。保険や金融に詳しくない方やシニア層の方にも、対面でわかりやすくお話しさせていただきます。

また保険を検討されるお客さまには、私たちがおすすめする商品を最低でも3種類は提案し、お客さまに選択していただけるよう中立性にも配慮。無理に押し付けるセールスがないので、お客さまだけでなくスタッフにもストレスがかかりません。

保険は人と話しながら決めたい

昨今、ネットや通販で掛金の安い保険に入れるようになりました。当社でもホームページ上で通信販売を行っているのですが、ショップにこれだけ力を入れるのはなぜでしょう。それは時代が変わっても、多くの人にとって「保険は人と話しながら決めたい」ものであり、フェイス・トゥ・フェイスの応対が欠かせないからではないでしょうか。

そう思えばこそ、一期一会の出会いを日々大切にし、保険を通じてお客さまとつながっていくことをいつも意識しています。信頼していただいたお客さまから「また松﨑さんに」といっていただくのが無上の喜びです。

最近は来店型ショップを展開する会社も増え、お客さまの選択肢も増えています。私たちもその中から選ばれるお店であるために、店舗イメージ、商品数、社員教育など、全体的な底上げを図っていきたいと考えています。

また、私たちのような乗り合い代理店や保険ショップが増えたとはいえ、まだ旧来型の保険を掛けっぱなしという人が多いのも事実です。お客さまにメリットのあるプランをもっとお届けできるよう、次の時代を担う若手育成が当面の目標です。

著者の目線／

イオン(株)の子会社代理店という看板があったとはいえ、大手国内生保を辞めて代理店に転じるには大変な勇気と決断が必要だったと思いますが、松﨑さんはやりがいを求める一心で即決してしまったとか。私たち取材陣にも細やかな配慮をされるやさしさの中、強い正義感とお客さまへの愛情を感じさせるエピソードです。

さまざまな保険会社の
保険を組み合わせて、
自分だけの保険をつくる。

左から篠原氏、
株式会社アイリックコーポレーション　代表取締役　勝本 竜二氏

篠原 美穂

Miho Shinohara

私が入っている保険

メットライフアリコ「終身医療保険」
NKSJ ひまわり生命「健康のお守り（終身医療保険）」
富士生命「がんベスト・ゴールド」
東京海上日動フィナンシャル生命「変額保険（終身型）」
アクサ生命「ユニット・リンク」

プロフィール

株式会社アイリックコーポレーション
保険クリニック　池袋店
マネージャー
ファイナンシャル・プランナー

埼玉県出身。2002年株式会社アイリックコーポレーション入社。大宮店勤務を経て、日本で一番来店客数の多い池袋店に異動、マネージャーとなる。「後悔させない保険選び」をモットーに、来店型ショップの草分け時代から数多くのお客さまの保険選びのお手伝いを続けている。

連絡先

〒171-0021
東京都豊島区西池袋 3-27-12　池袋ウエストパークビル 5 F
tel.03-5928-5630　fax.03-5928-5631
e-mail　shinohara@irrc.co.jp
URL　http://www.hoken-clinic.com

1000人以上のお客さまの名前と保険が一致

保険とは本来、万が一のときのリスクを資金面でカバーしてくれるもの。それなのに毎月支払う金額だけしか知らず、予期せぬ事態が起こったときにいくらもらえるのか、何を保障してくれるのかを理解していない人があまりにも多くいらっしゃいます。もしもの場合に「入っていてよかった」と思ってもらえる保険が誰にでもあるはず。本当に役立つ保険に加入してもらいたいという思いで毎日お客さまに接しています。

時にはお客さま自身も何を求めているか気づいていない場合もあります。そんなときは、現在の状況だけでなく将来にわたりどうしたいかを、あらゆる側面からうかがい、隠れたニーズを引き出すよう心がけています。

こうして一人ひとりの人生設計に深くかかわるため、プライベートでは人の名前をなかなか覚えられないのに、今まで担当した1000人以上の方すべてのお名前を見れば加入されている保険が思い出せるんですよ（笑）。

ボディはトヨタ、内装は日産、エンジンはホンダの車に乗りたくないですか？（勝本代表）

12年前に初出店したときは街中に「保険ショップ」など1軒もない状態。「保険は訪問して売るもので、お客さまが自ら買いに来るものではない」というのが業界の常識でした。

そんな中で「保険クリニック」を始めたのは、保険に対するマイナスイメージを払しょくし、一人でも多くの方に保険の価値を理解してもらいたかったから。

テレビを買いに家電量販店に行くのと同じように気軽にショップに来てもらい、実際に複数の保険会社をいろいろと見比べて自分で保険を選んでもらいたいと思ったからです。

自動車を買うときだって、ボディはトヨタ、内装は日産、エンジンはホンダと好みのパーツを選べてカスタマイズできたら最高だと思いませんか？

同じように自分だけの保険をつくり、ライフプランに役立ててほしいと願っています。

家の瓦が落ちている最中に電話がかかってきた

東日本大震災では、余震のさなかにお電話をいただいたお客さまがいらっしゃいます。ご自宅の瓦が崩れ落ちている音や悲鳴が聞こえる中、「篠原さんに電話をすれば何とかしてくれる」と真っ先にお電話をいただいたことに胸がつまる思いでした。

保険の仕事はご加入いただく「入口」だけでなく、万一のときに保険金や給付金をお支払いする「出口」での対応こそ、私たちの真価が問われるものだと痛感します。

また最近は、保険に対するお客さまの意識も様変わりして、お仕着せの保険ではなく、いろいろな保険会社の商品を比較して「いいもの」を選びたいという方が増えています。

とはいうものの、世の中にはたくさんの保険があふれ、しかも次々と新しい商品が発売されるので、プロである私たちでもきちんと保険を選ぶのは大変です。

そこで弊社では、加入中の保険を図解でわかりやすく分析したうえで、膨大な数の商品の中からお客さまのご要望に合った保険を選び出す「保険ＩＱシステム」という独自のシステムを開発。

個人の主観が入らないシステムの活用により、より中立的な保険相談サービスを全国の保険クリニックのどこでも受けていただけます。

もちろん、どんなによいシステムがあったとしても、お客さまと接するのはあくまで人です。私はこれからも続けられる限り、店頭でお客さまに直接お目にかかって「入っていてよかった」と思ってもらえる保険をおすすめしていきたいですね。

著者の目線／

インタビュー中も私たち取材陣のお茶や椅子の数を気遣われる様子から、笑顔の中にも細やかなおもてなしの精神をお持ちであることがよくわかりました。また、システムを活用することで、篠原さんのようなコンサルタントがお客さまとのやり取りに集中でき、待ち時間も短くてすむことなどは、保険クリニックならではの強みといえるでしょう。

〈著者プロフィール〉
垣畑光哉　立教大学卒業後、外資系生命保険会社に10年間勤務し、保険の通信販売・店頭販売・職域販売といった多様なマーケティングを経験。1999年に独立、2001年に保険業界に特化したマーケティング会社としてマネーコンフォート株式会社を創業する。十数年にわたり、保険会社三十数社・保険代理店百数十社に対する現場発想のマーケティング支援を行う一方、最近では飲食・ブライダル・介護・葬儀などの生活関連分野にも事業領域を広げ、そこで働く「人」にフォーカスを当てた「顔の見えるコミュニケーション」づくりに取り組んでいる。

保険のプロ ベスト30人が教える
これからの保険選び
2012年6月30日　第1刷発行

GENTOSHA

著　者　垣畑光哉
発行者　見城 徹

発行所　株式会社 幻冬舎
〒151-0051　東京都渋谷区千駄ヶ谷4-9-7

電話：03(5411)6211(編集)
03(5411)6222(営業)
振替：00120-8-767643
印刷・製本所：図書印刷株式会社

検印廃止

ISBN978-4-344-02208-9　C0095
幻冬舎ホームページアドレス　http://www.gentosha.co.jp/

この本に関するご意見・ご感想をメールでお寄せいただく場合は、comment@gentosha.co.jpまで。